T0161130

DU POINT DE VUE LOGIQUE

BIBLIOTHÈQUE DES TEXTES PHILOSOPHIQUES

Willard Van Orman QUINE

DU POINT DE VUE LOGIQUE

NEUF ESSAIS LOGICO-PHILOSOPHIQUES

Traduit de l'anglais (USA)
sous la direction de

Sandra LAUGIER

par
C. ALSALEH, B. AMBROISE, D. BONNAY, S. BOZON,
M. COZIC, S. LAUGIER, Ph. DE ROUILHAN,
J. VIDAL-ROSSET

*Ouvrage traduit et publié avec le concours
du Centre national du livre*

LIBRAIRIE PHILOSOPHIQUE J. VRIN
6, Place de la Sorbonne,
PARIS Ve

Titre original :

W. V. Quine, *From a logical point of view*

© 1953, 1961, 1980, by the President and Fellows
of Harvard College

© renewed 1989 by W.V. Quine

Published by arrangement with Harvard University Press

pour la traduction française
© *Librairie Philosophique J. VRIN,* 2003

ISSN 0249-7972

ISBN 978-2-7116-1656-5

Imprimé en France

www.vrin.fr

PRÉSENTATION
DE LA TRADUCTION FRANÇAISE

Du point de vue logique est l'un des tout premiers livres de W. V. Quine. Il réunit des articles fondamentaux, tant pour la philosophie de la logique que pour l'épistémologie, l'ontologie et la philosophie du langage. On peut y découvrir l'ensemble des enjeux philosophiques de son œuvre. Quine y montre l'articulation du logique et du philosophique, et la pertinence philosophique de ce qu'il définit comme son « point de vue logique ».

L'essai I, « De ce qui est », est un texte essentiel de la réflexion contemporaine sur l'engagement ontologique. L'essai II, « Deux dogmes de l'empirisme », a suscité, par son rejet de la distinction entre énoncés analytiques et synthétiques et son épistémologie holiste, un grand nombre de discussions en philosophie du langage et des sciences : c'est l'essai le plus célèbre de Quine, et ses conclusions (malgré les critiques contemporaines, notamment par Strawson et Grice, Davidson, Putnam, McDowell) sont loin d'être obsolètes. L'essai III, « Le problème de la signification en linguistique », est la première formulation de la thèse d'indétermination de la traduction, développée dans *Le mot et la chose*[1]. L'essai IV, « Identité, ostension et hypostase », élargit l'interrogation sur le langage à la genèse de notre « schème conceptuel » et poursuit la réflexion sur les universaux commencée dans l'essai I. L'essai V, « Nouveaux fondements pour la logique mathématique », présente une théorie mathématique originale qui constitue une alternative à la théorie des types et à la théorie des ensembles, théorie dont la consistance relative reste une question ouverte. L'essai VI, « La logique et la réification des universaux », est une enquête ontologique qui applique la méthode de l'essai I à la question de l'existence des classes. L'essai VII, « Notes sur la théorie de la référence », met en parallèle les difficultés connues de la sémantique de Tarski et les apories de la théorie de la signification. L'essai VIII, « Référence et modalité », développe les objections de Quine contre la logique modale quantifiée, arguments qui sont encore aujourd'hui la cible des défenseurs des modalités (de Barcan Marcus à Kaplan). L'essai IX, « Signification et inférence existentielle », illustre pour finir la démarche quinienne en examinant par des moyens logiques la question de la référentialité des termes singuliers.

On constate que *Du point de vue logique*, à la différence d'ouvrages ultérieurs de l'auteur, rassemble des articles philosophiques et des articles de logique qui mettent en évidence ce que Quine définit, en conclusion de l'essai IX (p. 229) comme la « créativité » de la logique. La présente traduction est le fruit d'un travail collectif, durant lequel nous nous sommes souvent posé la question : pourquoi *From a Logical Point of View*, peut-être le plus grand livre de Quine, n'avait-il jamais été traduit en français ? La réponse apparaîtra clairement au lecteur : c'est un livre difficile en dépit de sa clarté, et il nécessite – pour être traduit, sinon lu – des compétences en philosophie et en

---

1. *Word and Object*, Cambridge (Mass.), MIT Press, 1960 ; tr. fr. par J. Dopp et P. Gochet, *Le mot et la chose*, Paris, Flammarion, 1977 ; rééd., « Champs », Paris, Flammarion, 2000, préface de P. Gochet.

logique, deux domaines plus disjoints aujourd'hui qu'ils ne l'étaient au début du dernier siècle, en tout cas dont l'articulation n'est plus aussi nette que celle que décrivaient, par des voies différentes, aussi bien le livre de Quine (dont le sous-titre d'allure wittgensteinienne est « Neuf essais logico-philosophiques ») que le *Tractatus logico-philosophicus* de Wittgenstein, la *Construction logique du monde* ou la *Syntaxe logique du langage* de Carnap[1].

Quine a commencé sa carrière en tant que logicien, et sa philosophie est dirigée – enrégimentée, pour employer un de ses termes-clés – par le point de vue de la logique. Mais Quine est logicien et philosophe. Sa conception de la logique, inversement, est gouvernée par des choix philosophiques. Cette interdépendance du logique et du philosophique définit le point de vue de Quine. De plus, la philosophie est pour Quine inséparable de la science, elle en est le prolongement, comme le montrent les deux premiers essais : l'idée d'une épistémologie *naturalisée*, immanente au discours scientifique, qui émerge dans les textes ultérieurs (« L'épistémologie naturalisée »[2]) est une conséquence de la thèse de « Deux dogmes », selon laquelle les questions de science naturelle sont en continuité avec les questions métaphysiques, et de la thèse de « De ce qui est », selon laquelle la philosophie s'intéresse non à ce qu'il y a, mais à ce *nous disons* qu'il y a. Quine prend le contre-pied de la démarche épistémologique traditionnelle (pour aller vite, la recherche d'un fondement de la connaissance) mais aussi du projet, élaboré chez Russell et Carnap, d'une construction logique du monde à partir de la

---

1. R. Carnap, *La construction logique du monde*, Leipzig, Meiner, 1928 ; tr. fr. par T. Rivain et E. Schwartz, Paris, Vrin, 2002. *La syntaxe logique du langage*, Vienne, Springer, 1934 ; tr. fr. par J. Bouveresse, à paraître.
2. Voir Quine, *Ontological Relativity and others essays*, New York, Columbia University Press, 1969 ; tr. fr. par J. Largeault, *La Relativité de l'Ontologie*, Paris, Aubier, 1977. On trouvera « L'épistémologie naturalisée » dans S. Laugier, P. Wagner (éds.), *Textes-clés de la philosophie des sciences*, Paris, Vrin, 2004.

logique et des données de l'expérience. Il abandonne l'idée même de *construction* au profit de celle de schème conceptuel (sans abandonner l'empirisme : il propose au contraire un empirisme rénové, réellement empiriste) : la logique est une connaissance comme une autre, les vérités logiques des vérités au sens ordinaire, comme le montrent ici, avec une belle symétrie, les essais I et IX. L'idée de point de vue logique n'a rien d'une restauration du transcendantal, telle qu'y inciterait par exemple une lecture kantienne du *Tractatus :* le point de vue logique n'est pas une limite du langage et de la pensée, mais une approche « pragmatique » des considérations qui nous guident dans l'élaboration de notre schème conceptuel.

La rupture de Quine avec le logicisme est de toute façon antérieure à *Du point de vue logique*. On peut dater de 1935 et de « Truth by convention »[1], la première critique explicite de Carnap et de Russell, à travers la question (reprise dans « Deux dogmes ») de l'analyticité des vérités logiques. Le problème de Quine est en effet moins celui de l'analyticité que celui, posé constamment dans son œuvre, du statut des vérités logiques. C'est sur ce point que porte dans les années trente le débat avec Carnap. Quine veut réinventer l'empirisme, y trouver une place nouvelle pour la logique, qui désormais fait partie de la connaissance au sens large. Il exclut – c'est explicite dès 1934[2] – l'idée de réduire la logique à un « simple organon », à un calcul d'énoncés. Pour reprendre une fameuse distinction opérée par J. Van Heijenoort[3], elle n'est pas un *calculus ratiocinator*, mais une *lingua characterica*. Il ne s'agit plus de refléter dans le langage une articulation catégorielle du réel, la mise en ordre ontologique suppose invention et décision ; mais la logique n'en possède pas moins l'universalité

---

1. Dans *The Ways of Paradox and other essays*, Cambridge (Mass.), Harvard University Press, 1966, 1976.

2. Cf. « Ontological remarks on the propositional calculus », in *The Ways of Paradox*, p. 269.

3. Dans « La logique comme calcul et la logique comme langage », *Épistémologie sociologique*, 7, 1967.

qui lui permet de réécrire la connaissance scientifique. De ce point de vue, il y a bien des *vérités* logiques.

Cette universalité de la logique, héritée de Frege, constitue chez Quine une revendication constante. La position apparaît nettement dans un article de 1975, « Sur les systèmes du monde empiriquement équivalents »[1] : « la logique est partagée par toutes les branches de la science. (…) Il est ironique que cette neutralité ait encouragé les gens à penser que les composantes logique et mathématique étaient différentes en nature ». Ce que Quine décrit comme « ironique » est sa propre position : concilier l'universalité de la logique (qu'on retrouve dans la thèse d'indétermination) et le refus épistémologique de lui donner une place privilégiée. Rendre compte de cette universalité, tout en assumant le fait qu'il n'y a pas de vérités non révisables : c'est la tâche que s'est donnée Quine dès *Du point de vue logique*. La question de la traduction radicale est ici centrale, et l'on observera avec plaisir que la célèbre thèse d'indétermination trouve ici une première formulation percutante, avec la description d'une tentative de traduction par un linguiste d'une langue inconnue, dont il propose un premier dictionnaire :

> En projetant Hercule à partir de son pied, nous risquons l'erreur, mais nous pouvons tirer un certain réconfort de l'idée qu'il y a *quelque chose* à propos de quoi se tromper. Dans le cas du lexique, nous n'avons aucune formulation du problème ; il n'y a *rien* sur quoi le lexicographe puisse avoir raison ou tort (p. 103).

L'idée selon laquelle le choix de la traduction n'a pas de « fact of the matter », qu'il n'y a *pas de réalité de la question* – pas de sens à la question de savoir si l'indigène ou son langage possèdent notre logique – est explicite dans l'essai III. C'est bien le *Sinn* de Frege, l'idée d'un noyau de signification (*meaning*) commun aux diverses langues, qui sont visés.

---

1. « Empirically equivalent systems of the world », *Erkenntnis* 9, 1975, p. 314 ; tr. fr. dans *Textes-clés de la philosophie des sciences*, *op. cit.*

Puis dans l'essai VIII, ce sont les propositions qui reçoivent
avec les significations leur congé (cf. ensuite *Philosophie de la
logique*[1]). *Du point de vue logique* apparaît comme une
démonstration de la possibilité de se passer quasi entièrement,
dans un ouvrage de philosophie de la logique et du langage, du
mot « proposition ».

Tous les essais de *Du point de vue logique* constituent une
critique systématique de la notion de signification, telle
qu'elle est héritée (sous différentes formes) de Frege, Russell
et Carnap. Le livre précède de peu « Le mythe de la signification », conférence de Quine au colloque de Royaumont sur
« La philosophie analytique » en 1958. Avec la critique de
l'analyticité, c'est la notion de synonymie, l'identité de signification qui explose : l'entité signification fait alors partie des
« *entia non grata* », et doit être éliminée en tant qu'inutile, sans
identité, dans le paysage ontologique (que Quine, cf. l'essai I,
préfère quand même un peu désertique). Mais l'argument
ontologique n'est pas prioritaire, et la critique de la signification apparaît comme un *point logique et anthropologique :*
la logique quantificationnelle est justifiée anthropologi-
quement (puisque nous sommes contraints de la projeter dans
la langue indigène, nous ne pouvons traduire autrement : c'est
le principe de charité). Certes, du point de vue naturaliste qui
deviendra celui de Quine, notre logique est un acquis et un
accident culturel, elle aurait pu, et pourra être, autre. C'est ce
qu'entend Quine par les mots célèbres de l'essai II :

> Aucun énoncé n'est à tout jamais à l'abri de la révision. On a été
> jusqu'à proposer de réviser la loi logique du tiers exclu, pour
> simplifier la mécanique quantique ; quelle différence de principe
> entre un changement de ce genre et ceux par lesquels Kepler a
> remplacé Ptolémée, Einstein Newton, ou Darwin Aristote ?
> (p. 77-78).

1. *Philosophy of Logic*, Englewood Cliffs, Prentice-Hall, 1970; tr. fr. par
J. Largeault, *Philosophie de la logique*, Paris, Aubier, 1975.

Mais la justification ultime de la logique est qu'on ne peut *de fait* adopter d'autre point de vue quand on traduit une autre langue. Du coup l'on a, dès 1953, l'articulation fondamentale de l'œuvre de Quine : celle du naturalisme, de la logique et de l'ontologie. Pour savoir « ce qu'il y a », ce n'est pas à l'ontologie qu'il faut s'adresser, c'est à la science. Ce qu'il y a, c'est ce que la science « dit qu'il y a ». L'épistémologie s'identifie ici à l'ontologie, dans son exploration de ce que notre schème conceptuel *pose* comme objets physiques : « des *posits* irréductibles, comparables, épistémologiquement parlant, aux dieux d'Homère » (p. 79).

Après le mythe de la signification, le mythe des objets. Les premières phrases de « De ce qui est » déterminent déjà la perspective de Quine sur l'ontologie, et sont l'expression la plus dense – quasiment poétique – du point de vue logique.

> Ce qu'il y a de curieux avec le problème ontologique, c'est sa simplicité. On peut l'énoncer en trois monosyllabes : « qu'y a-t-il ? ». Et on peut, qui plus est, lui apporter une réponse en un mot : « tout » – et chacun acceptera cette réponse comme vraie. Cependant, cela revient à dire simplement qu'il y a ce qu'il y a (p. 25).

Cette réponse de Quine est typique : à la fois triviale, *obvie*, et profonde. Dire que ce qu'il y a, c'est every*thing*, c'est dire et admettre que nous avons une ontologie d'objets. Le critère d'engagement ontologique, tant discuté, n'a de pertinence que dans le contexte de ce « mythe des objets », comme le choix d'une quantification objectuelle (cf. les essais V et VI).

Quine est très éloigné de l'idée d'une ontologie *implicite* dans le langage. La notation canonique ne dévoile pas plus d'ontologie dans le langage qu'elle n'y révèle de structure sous-jacente : il n'y a rien de caché. Cela annonce encore une fois le naturalisme. Le questionnement ontologique n'opère pas à l'extérieur du schème conceptuel, mais de l'intérieur, *from within*. L'essai IV donne une jolie formulation du naturalisme sans le nommer (le mot n'apparaîtra qu'ultérieurement,

Quine employant ici celui de *pragmatisme*), et définit le schème conceptuel – qui s'avèrera une des notions les plus disputées de la philosophie analytique. Quine y mentionne déjà l'image du bateau, omniprésente dans *Le mot et la chose* :

> Neurath a eu raison de comparer la tâche du philosophe à celle d'un marin qui doit réparer son bateau en pleine mer. Nous pouvons améliorer morceau par morceau notre schème conceptuel, notre philosophie, tout en continuant d'en dépendre de manière vitale ; mais nous ne pouvons pas nous en détacher et le comparer objectivement avec une réalité non conceptualisée (p. 122).

Cette impossibilité de se détacher du schème pour l'examiner et le comparer à du donné est à la fois une limite cognitive (à la source de toutes les discussions contemporaines autour des arguments transcendantaux) et un fait de nature. Elle conduit Quine à reformuler alors la question du réalisme :

> La question philosophique apparemment fondamentale, « À quel égard notre science est-elle simplement déterminée par le langage, et à quel égard est-elle une véritable réflexion sur la réalité ? » n'est sans doute qu'une question spécieuse ; en effet, pour y répondre, *il faut parler aussi bien du langage que du monde* (p. 121).

La question du rapport entre science et réalité ne peut être posée que de façon immanente au langage, et à notre capacité naturelle de connaissance.

On voit que *Du point de vue logique* constitue réellement l'articulation philosophique de la première et de la seconde moitié du siècle passé. Quine hérite et renverse simultanément l'empirisme logique : c'est dans le prolongement de l'*Aufbau* qu'il propose « que nos énoncés sur le monde extérieur affrontent le tribunal de l'expérience sensible, non pas individuellement, mais seulement collectivement » (p. 75). C'est dans le sillage de Carnap encore qu'il invente l'idée de schème conceptuel et l'immanence des questions ontologiques au langage, posant ainsi à nouveau frais la question du réalisme, du rapport entre langage et réalité, qui domina les discussions philosophiques de la seconde moitié du xxᵉ siècle. *Du point de vue logique* est un livre crucial, au sens où Duhem, souvent cité par Quine, parle d'expérience cruciale[1] : il est, historiquement et conceptuellement, à la croisée des chemins de la philosophie analytique du xxᵉ siècle, et constitue le passage de l'empirisme logique au naturalisme, qui détermine pour une large part le champ de la philosophie d'aujourd'hui.

Du point de vue logique est une œuvre de jeunesse. Ce n'est pas un ouvrage aussi cohérent et construit que *Le mot et la chose*, ni aussi influent que *La relativité de l'ontologie*, ni aussi sobre et parfait que *La poursuite de la vérité*. C'est pourtant en un sens le plus grand livre de Quine – porté qu'il est par une force et un talent inégalables, et une radicalité que Quine n'atteindra plus par la suite, ni probablement ses successeurs.

Nous indiquons ici quelques choix de traduction qui ont guidé notre travail, et ne sont pas toujours conformes à des choix traditionnels, ou aux autres traductions de Quine.

Alleged : présumé
Alternation : disjonction
Alternative denial : incompatibilité
Assumed : supposé
Assumption : hypothèse
Clause (ex. : subordinate clause) : proposition
Committed to : engagé dans
Conceptual scheme : schème conceptuel
Consistence : cohérence
Construe (vb) : interpréter
Contrary-to-fact conditional : conditionnel contre-factuel ou irréel

Domestic : local
Dummy (ex : variable) : pseudo-
Elementhood : élémentarité
Entail (vb) : a pour conséquence, entraîne
Explain (vb) *away* : éliminer (par l'explication)
Higher : supérieur
Interchangeability : interchangeabilité
Language : langage, plus rarement : langue
Make sense (vb) : avoir un sens
Meaning (n) : signification

1. P. Duhem, *La théorie physique*, 1906 ; rééd., Paris, Vrin.

Meaning (vb) : signifier
Naming (vb) : nommer (plus
    rarement : désigner)
Nonsense : Non-sens
Open (*closed*) *sentence* :
    phrase ouverte (close)
Phenomenalism :
    phénoménisme
Point to (vb) : désigner (du
    doigt)
Posit (vb) : poser, postuler
Posit (n) : entité postulée
Possibly : possiblement
Proposition : proposition
Quantify into (vb) : quantifier
    à travers
Range : domaine

Self-contradictory, *riness* :
    contradictoire, contra-
    diction
Sense datum : *sense-datum*
Sense data : *sense-data*
Sentence : phrase
Sequence : suite
Significant : signifiant
Significance (n) : signifiance
    (plus rarement : impor-
    tance)
Standard : norme
Statement : énoncé
There is : il y a (plus rarement :
    il existe)
Utterance : émission (vocale),
    expression concrète

Cette traduction a été assurée par un groupe de chercheurs et de doctorants dans le cadre de l'IHPST (Institut d'Histoire de la Philosophie des Sciences et des Techniques, CNRS/Paris I).

Nous remercions très sincèrement Pierre Jacob dont la première traduction de l'essai II, dans l'ouvrage édité par ses soins *De Vienne à Cambridge* (Paris, Gallimard, 1980), nous a fourni un cadre de référence dont nous avons tenu le plus grand compte dans notre traduction. Il a également bien voulu relire la présente traduction du même essai. Merci aussi à Layla Raïd pour son aide avisée et généreuse notamment dans la traduction de l'essai VI. Enfin, toute notre reconnaissance va à Fabrice Pataut pour sa relecture décisive, qui nous a évité quelques erreurs et a amélioré le style de l'ensemble.

SANDRA LAUGIER

AVANT-PROPOS
1980

À ma mère et mon père
H. V. Q. – C. R. Q.

Lorsqu'en 1950, j'eus en mains les *Méthodes de logique* et la version révisée de ma *Logique mathématique*, j'entrepris l'écriture d'un livre d'un caractère plus largement philosophique. Ce livre se révéla être au final *Le mot et la chose* – un final atteint en 9 ans. J'avais prévu dès 1952 que ce travail prendrait un certain temps, et je devins alors impatient de rendre accessibles dans l'intervalle au public, sous une forme commode, certaines de mes conceptions philosophiques. Un soir, Henry Aiken et moi nous trouvions en compagnie de nos épouses dans un night-club de Greenwich Village, et je lui fis part de mon projet. Harry Belafonte venait de chanter le calypso « From a logical point of view ». Henry remarqua que cela irait plutôt bien comme titre du volume – et ce devint le titre.

Le livre alla plutôt bien aussi. Ses deux éditions et ses multiples réimpressions se sont vendues à presque quarante mille exemplaires en anglais, et je ne sais combien en espagnol, en italien, en polonais, en allemand et en japonais. Huit des neuf essais ont aussi reparu indépendamment dans une ou plusieurs anthologies, et chacun dans une ou plusieurs traductions. Les deux premiers, surtout, ont été repris dans des anthologies jusqu'à épuisement : respectivement vingt-quatre et vingt-cinq fois, et ce dans six ou sept langues. Tout cela est pour moi très gratifiant et très flatteur, tout autant que la promptitude de mes amis de *Harvard University Press* à prendre en charge les droits de l'édition paperback et à en maintenir la production.

Le temps de la révision est passé. Le livre est daté – de 1953, et de 1961. Pour la présente édition, je n'ai revu qu'une seule page, celle qui contenait une critique erronée de Church et Smullyan. Il s'agit de la page 215, en plein cœur des pages tumultueuses où prit place la révision de 1961.

Mais je profiterai de l'occasion de cette préface pour faire quelques avertissements. Le premier est que « De ce qui est » n'est nominaliste ni par sa doctrine ni par son intention. Mon problème était plutôt l'attribution d'ontologies que leur évaluation. De plus, en comparant les entités postulées [*posits*] des physiciens aux dieux d'Homère, dans cet essai et dans « Deux dogmes », je parlais en épistémologue et non en métaphysicien. Les entités postulées peuvent très bien être réelles. Comme je l'ai écrit ailleurs, dire d'une entité qu'elle est postulée, ce n'est pas la prendre de haut.

Le holisme des « Deux dogmes » a eu un effet répulsif sur beaucoup de lecteurs, mais je pense qu'il s'agit surtout de savoir sur quoi nous voulons insister. Le seul type de holisme dont nous ayons besoin, pour les fins qu'il sert dans cet essai, tient dans l'idée que le contenu empirique est partagé par un agglomérat d'énoncés scientifiques, et qu'il ne peut, pour sa majeure partie, être distribué entre ces énoncés. En pratique, l'agglomérat pertinent n'est jamais le tout de la science ; il y a là une affaire de degré, comme je l'ai reconnu avec l'exemple des maisons en briques dans la rue des Ormes.

Cet essai et le suivant, « Le problème de la signification en linguistique », donnaient tous deux l'image d'une vision assombrie de la notion de signification. Une réponse décourageante à ces essais m'est parvenue en quelque sorte des

franges de la philosophie : mon problème venait du fait que je prenais les mots comme de simples suites de phonèmes au lieu de voir qu'ils sont des suites dotées de signification ; et naturellement, si je mets l'accent sur des suites dénuées de signification, il y a peu de chance que je tombe sur des significations. Mais c'est oublier qu'une simple suite identique de phonèmes peut *avoir* une signification, ou plusieurs, dans une ou plusieurs langues, à travers son usage par une ou plusieurs personnes ou par différentes populations, tout comme je peux avoir des comptes dans plusieurs banques et de la famille dans plusieurs pays, sans pour autant, en aucune manière, les contenir ou être plusieurs personnes. Il est en général pratique, ailleurs en linguistique, de distinguer les homomorphes en fonction de leurs significations ou de leur histoire – *sound* (*sonus*) et *sound* (*sanus*), par exemple – mais quand nous portons un intérêt philosophique à la signification, mieux vaut ne pas l'enterrer. J'espère que cet alinéa aura été superflu pour la plupart des lecteurs.

Je finirai par quelques remarques techniques à propos des « Nouveaux fondements ». Nous voyons aux pages 145-146 la supériorité de ML [*Logique mathématique*, NdT] par rapport à NF [*Nouveaux fondements*, NdT] en ce qui concerne l'induction mathématique et l'existence de la classe des nombres naturels. Demeure néanmoins dans ML cette infirmité : Rosser a montré qu'on ne peut pas prouver dans ML que la classe des nombres naturels est un ensemble, ou un élément, si ML est consistant[1]. Nous pouvons toujours ajouter un axiome à cet effet et nous en avons effectivement besoin pour la théorie des nombres réels. Mais on perd en élégance en l'ajoutant.

On peut encore critiquer NF et ML parce qu'elles permettent l'auto-appartenance, ce qui obscurcit l'individuation. La grandeur des classes, à la différence des propriétés, est dans la clarté de leur individuation : elles sont identiques si et seule-

ment si elles ont les mêmes membres. C'est toutefois une individuation relative : les classes sont individuées aussi clairement que leurs membres, mais pas plus. Avec l'auto-appartenance, l'individuation cesse son mouvement descendant.

La théorie des types de Russell a un avantage épistémologique sur NF et ML : elle se prête à une reconstruction plus vraisemblable de la genèse des concepts de classe de niveau supérieur[1]. Une transition naturelle peut à son tour être faite, qui conduit de la théorie des types aux théories des ensembles de Zermelo et von Neumann[2]. NF doit être considérée comme une alternative artificielle conçue par la suite pour des raisons de commodité et d'élégance ; et ML en est une autre. Les avantages en sont réels, malgré les réserves notées ci-dessus.

Dans la quarantaine d'années qui s'est écoulée depuis la publication de NF, un grand nombre de travaux ingénieux ont été réalisés par Rosser, Beneš, Specker, Orey, Henson, Jensen, Boffa, Grishin, et d'autres, dans l'espoir soit de dériver une contradiction, soit de prouver que le système est consistant si une théorie des ensembles plus classique est consistante. Le problème n'est pas encore résolu, mais nombre de relations curieuses et surprenantes ont été découvertes au cours de cette recherche[3].

Cambridge, Massachusetts
W. V. Q.

---

1. Voir *The Roots of Reference*, La Salle (Ill.), Open Court, 1973, p. 120 *sq.*

2. Voir *Set Theory and Its Logic*, Cambridge, Mass., Harvard University Press, 1963 ; 2nd ed., 1969, § 38, 43.

3. Voir M. Boffa, « On the axiomatization of NF », *Colloques Internationaux du C.N.R.S.*, n° 249, 1975, p. 157-159, et « The consistency problem for NF », *Journal of Symbolic Logic*, 42, 1977, p. 215-220, et les références complémentaires dans chaque article. Voir aussi R. B. Jensen, « On the consistency of a slight (?) modification of Quine's *New Foundations* », *in* D. Davidson et J. Hintikka (eds.), *Words and Objections*, Dordrecht, Reidel, 1969, p. 278-291.

AVANT-PROPOS
DE LA SECONDE ÉDITION

La principale révision touche les pages 212-221, qui portent sur le sujet controversé de la logique modale. Un point théorique exprimé dans ces pages a fait l'objet d'une extension radicale à la page 198 de *Word and Object*; et plus tard la situation s'est encore clarifiée grâce à la thèse de doctorat de mon étudiant Dagfinn Follesdal. Ces pages corrigées tiennent compte de la nouvelle évaluation de la situation qui en résulte.

Indépendamment de cette affaire, j'ai aussi introduit des corrections substantielles aux pages 150, 169, 178, 208 et 210.

Boston, Mass., avril 1961
W. V. Q.

PRÉFACE
DE LA PREMIÈRE ÉDITION

Plusieurs de ces essais ont déjà été publiés dans leur intégralité dans des revues; d'autres sont inédits à des degrés divers. Le fil directeur en est constitué par deux thèmes principaux. Le premier est le problème de la signification, notamment tel qu'il est en jeu dans la notion d'énoncé analytique. L'autre est la notion d'engagement ontologique, notamment telle qu'elle est en jeu dans le problème des universaux.

Divers textes précédemment publiés qui auraient pu figurer ici présentaient un double problème. D'une part, ils se recoupaient partiellement, comme c'est le cas des textes écrits de manière à éviter aux lecteurs un recours excessif aux bibliothèques. D'autre part, ils contenaient des pages que j'en suis venu à considérer comme mal formulées, voire pire. Il se révéla ainsi que plusieurs textes semblaient pouvoir être reproduits en intégralité sous leurs titres originaux, alors que d'autres devaient être coupés, en partie supprimés, mélangés, augmentés de nouveaux développements, et re-divisés selon de nouveaux principes d'unification et d'individuation exigeant, du coup, des changements de titre. Pour la provenance de ce qui n'est pas inédit, voir l'« Origine des textes », à la fin de l'ouvrage.

Les deux thèmes mentionnés au début de cette préface sont traités tout au long du livre, avec l'aide croissante des moyens techniques de la logique. Ainsi, arrive un moment, à mi-chemin, où l'on doit interrompre le traitement des thèmes au profit d'une préparation technique élémentaire en logique. C'est à cette fin, et pour son intérêt propre, que l'essai « Nouveaux fondements » est réimprimé ici ; car il a été cité dans la littérature, et on continue de m'en réclamer des tirés à part. Sa reproduction ici est aussi l'occasion de remarques supplémentaires, concernant ces résultats postérieurs et mettant en relation le système des « Nouveaux fondements » avec d'autres théories des ensembles. Toutefois, cette intrusion de la logique pure a été strictement limitée.

Comme je l'ai précisé en détail à la fin de l'ouvrage, le contenu de ce volume est en grande partie une reprise ou une adaptation de textes parus dans la *Review of Metaphysics*, la *Philosophical Review*, le *Journal of Philosophy*, l'*American Mathematical Monthly*, le *Journal of Symbolic Logic*, les *Proceedings of the American Academy of Arts and Sciences*, et les *Philosophical Studies*. Je suis reconnaissant aux éditeurs de ces sept périodiques et aux Presses de l'Université du Minnesota pour m'avoir aimablement autorisé un nouvel usage de ces textes.

Je dois aux professeurs Rudolf Carnap et Donald Davidson des critiques précieuses des premiers brouillons de « Nouveaux fondements » et des « Deux dogmes », respectivement, et au professeur Paul Bernays la découverte d'une erreur dans la première version imprimée des « Nouveaux fondements ». La critique de l'analyticité à laquelle « Deux dogmes » est en grande partie consacré est le résultat de discussions informelles, écrites et orales, que je tiens depuis 1939 avec les professeurs Carnap, Alonzo Church, Nelson Goodman, Alfred Tarski, et Morton White. Je leur dois certainement la stimulation nécessaire à l'essai, et probablement quelque chose de son contenu. Je suis redevable aussi à Goodman pour la critique de deux textes qui sont à l'origine de « La logique et la réification des universaux » ; et à White pour une discussion qui a influencé la forme actuelle de cet essai.

Je remercie Mme Martin Juhn pour ses talents de dactylographe, et les administrateurs de la Fondation Harvard pour la bourse qui m'a permis de réaliser ce travail. Je suis reconnaissant envers MM. Donald P. Quimby et S. Marshall Cohen pour leur aide efficace dans l'établissement de l'index et la relecture des épreuves.

Cambridge, Massachusetts
W. V. Q.

I

DE CE QUI EST

Ce qu'il y a de curieux avec le problème ontologique, c'est sa simplicité. On peut l'énoncer en trois syllabes : « qu'y a-t-il ? ». Et l'on peut, qui plus est, lui apporter une réponse en un mot : « tout » – et chacun acceptera cette réponse comme vraie. Cependant, cela revient à dire simplement qu'il y a ce qu'il y a. Cela laisse la possibilité de désaccords au cas par cas ; et ainsi la question continue de se poser depuis des siècles.

Supposons maintenant que deux philosophes, McX et moi-même, ne s'accordent pas sur l'ontologie. Supposons que McX maintienne qu'il y a quelque chose que je maintienne ne pas être. McX peut, en parfaite cohérence avec son propre point de vue, décrire notre différence d'opinions en affirmant que je refuse de reconnaître certaines entités. Évidemment, je pourrais protester qu'il se trompe dans la formulation de notre désaccord, car je maintiens qu'il n'y a pas d'entités, du genre prétendu, que j'aie à reconnaître ; mais le fait que je trouve fausse sa formulation de notre désaccord est sans importance, car je suis de toute façon engagé à tenir son ontologie pour fautive.

D'autre part, quand c'est *moi* qui essaie de formuler notre différence d'opinion, il semble que je sois dans une situation difficile. Je ne peux pas admettre qu'il y a des choses reconnues par McX et non par moi-même, car en concédant qu'il y a de telles choses, je contredirais mon propre rejet de celles-ci.

Il semble alors, si ce raisonnement est juste, que dans toute dispute ontologique, le partisan du rejet souffre du désavantage de ne pas être capable d'admettre que son opposant est en désaccord avec lui.

C'est la vieille énigme platonicienne du non-être. Le non-être doit, en un certain sens, être, car sinon qu'est-ce qu'il y a qu'il n'y a pas? Cette doctrine embrouillée pourrait être surnommée *la barbe de Platon*; historiquement, elle a fait la preuve de sa résistance en émoussant régulièrement le fil du rasoir d'Occam.

C'est une façon de penser comparable qui conduit les philosophes comme McX à accorder l'être là où ils pourraient tout à fait se contenter de reconnaître qu'il n'y a rien. Ainsi, prenons Pégase. Si Pégase n'*était* pas, selon l'argument de McX, il n'y aurait rien dont nous fussions en train de parler lorsque nous utilisons ce mot, ce serait par conséquent un non-sens de dire même que Pégase n'est pas. McX, pensant avoir ainsi montré que l'exclusion de Pégase ne peut être maintenue de façon cohérente, en conclut que Pégase est.

Certes, McX ne peut vraiment se persuader qu'une quelconque région de l'espace-temps, proche ou lointaine, contient un cheval ailé, de chair et de sang. Pressé de donner plus de détails sur Pégase, il dit alors que Pégase est une idée dans l'esprit des hommes. Ici, cependant, point une confusion. Nous pouvons, pour les besoins de l'argument, concéder qu'il y a une entité, et même une entité unique (bien que cela soit assez peu vraisemblable), qui est l'idée-de-Pégase, entité mentale, mais cette entité mentale n'est pas ce dont les gens parlent lorsqu'ils excluent Pégase.

McX ne confond jamais le Parthénon avec l'idée-du-Parthénon. Le Parthénon est physique, l'idée-du-Parthénon est mentale (du moins, selon la version que propose McX des idées, et je n'ai rien de mieux à offrir). Le Parthénon est visible, l'idée-du-Parthénon est invisible. Nous ne pouvons guère imaginer deux choses plus dissemblables, et moins susceptibles d'être confondues, que le Parthénon et l'idée-du-Parthénon. Mais quand nous passons du Parthénon à Pégase, la confusion s'installe – pour la simple raison que McX se laisserait abuser par la plus grossière et la plus flagrante des contrefaçons plutôt que d'accepter le non-être de Pégase.

L'idée selon laquelle Pégase doit être, parce que, sinon, ce serait du non-sens de dire que Pégase n'est pas, a conduit McX, nous l'avons vu, à une confusion élémentaire. Des esprits plus subtils, partant du même précepte, parviennent à des théories sur Pégase qui sont moins manifestement dévoyées que celle de McX, et par conséquent plus difficiles à éradiquer. Mettons qu'un de ces esprits plus subtils s'appelle Wyman. Wyman 3 maintient que Pégase a son être en tant que possible inactualisé. Quand nous affirmons qu'il n'y a rien de tel que Pégase, nous sommes en train de dire, pour être plus précis, que Pégase n'a pas cet attribut particulier qu'est l'actualité. Affirmer que Pégase n'est pas actuel est sur le même plan, logiquement, que dire que le Parthénon n'est pas rouge ; dans les deux cas nous disons quelque chose à propos d'une entité dont l'être même n'est pas remis en question.

Wyman, soit dit en passant, fait partie de ces philosophes qui ont fomenté ensemble la ruine de notre bon vieux mot « exister ». En dépit de son admission des possibles inactualisés, il limite l'application du mot « existence » à ce qui est actuel – préservant ainsi une illusion d'accord ontologique entre lui et ceux qui répudient le reste de son univers hypertrophié. Nous avons tous été enclins à dire, dans notre usage de sens commun de « existe », que Pégase n'existe pas, signifiant simplement par là qu'il n'y a pas du tout de telle entité. Si Pégase existait, il serait effectivement dans l'espace et dans le temps, mais seulement parce que le mot « Pégase » a des

connotations spatio-temporelles, et non parce que « existe »
aurait des connotations spatio-temporelles. Si la référence
spatio-temporelle fait défaut quand nous affirmons l'existence
de la racine cubique de 27, c'est simplement parce qu'une
racine cubique n'est pas quelque chose de spatio-temporel, et
non pas parce que nous faisons un usage ambigu du terme
« exister » [1]. Cependant, Wyman, dans un effort maladroit pour
nous paraître agréable, nous accorde généreusement la non-
existence de Pégase et ensuite, au contraire de ce que *nous*
entendions par cette non-existence, s'obstine à affirmer que
Pégase *est*. L'existence est une chose, dit-il, la subsistance en
est une autre. La seule façon que j'aie trouvée de se défaire de
cet embrouillamini est de *faire cadeau* à Wyman du mot
« existe ». Je tâcherai de ne plus l'utiliser ; il me reste encore le
mot « est ». Mais voilà assez de lexicographie ; revenons à
l'ontologie de Wyman.

4   L'univers surpeuplé de Wyman est à bien des égards
déplaisant. Il offense le sens esthétique de ceux qui, comme
nous, ont le goût des paysages désertiques, mais là n'est pas le
plus grave. Le bidonville des possibles cher à Wyman offre un
terrain propice à l'épanouissement d'éléments fauteurs de
trouble. Prenez par exemple le gros homme possible dans
l'embrasure de la porte, et en même temps cet homme chauve
possible dans la même embrasure. Sont-ils le même homme
possible, ou deux hommes possibles ? Comment en décidons-
nous ? Combien d'hommes possibles dans cette embrasure de

---

1. La tendance à établir une distinction terminologique entre l'existence
appliquée aux objets actualisés quelque part dans l'espace-temps et l'existence
(ou la subsistance ou l'être) appliquée à d'autres entités provient peut-être, en
partie, de l'idée selon laquelle l'observation de la nature se rapporte uniquement aux questions impliquant l'existence du premier genre. Mais cette
idée est aisément réfutée par des contre-exemples comme « le rapport du
nombre des centaures au nombre des licornes ». S'il y avait un tel rapport, ce
serait une entité abstraite, c'est-à-dire un nombre. Cependant, c'est uniquement
par l'examen de la nature que nous concluons que le nombre des centaures et
le nombre des licornes sont tous deux 0, et que par conséquent ce rapport
n'existe pas.

porte ? Parmi les possibles, les maigres sont-ils plus nombreux que les gros ? Combien sont semblables ? Ou le fait d'être semblables les rendrait-il un ? Est-ce que *deux* possibles sont toujours dissemblables ? Est-ce la même chose que de dire qu'il est impossible pour deux choses d'être semblables ? Ou, en fin de compte, le concept d'identité est-il simplement inapplicable aux possibles inactualisés ? Mais quel sens peut-on trouver à parler d'entités dont on ne peut pas dire de façon douée de signification qu'elles sont identiques à elles-mêmes et distinctes les unes des autres ? Ces éléments douteux sont quasiment incorrigibles. On pourrait envisager une réhabilitation par une thérapie frégéenne des concepts d'individu[1]; mais mon sentiment est que nous ferions mieux de raser le bidonville de Wyman et d'en finir une fois pour toutes.

La possibilité, avec les autres modalités que sont la nécessité, l'impossibilité et la contingence, soulève des problèmes dont je ne veux pas suggérer qu'il faille nous détourner. Mais nous pouvons au moins limiter les modalités aux énoncés pris dans leur totalité. Nous pouvons imposer l'adverbe «possiblement» à un énoncé pris comme un tout, et nous sommes tout à fait en droit de nous soucier de l'analyse sémantique d'un tel usage; mais il n'y a guère de progrès à attendre d'une telle analyse si nous élargissons notre univers pour y inclure les prétendues *entités possibles*. Je soupçonne que la principale motivation en faveur de cette expansion est simplement la vieille idée qu'il faut bien que Pégase, par exemple, soit, car sinon ce serait déjà tomber dans le non-sens de dire qu'il n'est pas.

Néanmoins, toute cette envahissante luxuriance de l'univers des possibles de Wyman semble s'évanouir pour peu que nous changions quelque peu d'exemple et parlions, non de Pégase, mais de la coupole ronde carrée de Berkeley College. Si, à moins que Pégase ne fût, c'était un non-sens de dire qu'il n'est pas, alors, du même coup, à moins que la coupole ronde

---

1. Voir plus bas, p. 213.

5 carrée de Berkeley College soit, ce serait un non-sens de dire qu'elle n'est pas. Mais, à la différence de Pégase, la coupole ronde carrée ne peut être admise, même comme *possible* inactualisé. Pouvons-nous alors amener Wyman à admettre également un royaume des impossibles inactualisés ? Si tel est le cas, bon nombre de questions embarrassantes pourraient être soulevées à leur propos. Nous pourrions même avoir l'espoir de faire tomber Wyman dans la contradiction, en lui faisant admettre que certaines entités sont à la fois rondes et carrées. Mais Wyman est malin et choisit l'autre terme du dilemme : il reconnaît qu'il n'y a pas de sens à dire que la coupole ronde carrée de Berkeley College n'est pas et affirme que l'expression « coupole ronde carrée » est dépourvue de signification.

Wyman n'a pas été le premier à adopter cette position de repli. La doctrine de l'absence de signification des contradictions est déjà ancienne. La tradition survit par ailleurs chez des auteurs qui ne partagent apparemment aucune des motivations de Wyman. Je me demande cependant si la séduction qu'opère une telle doctrine ne revient pas en réalité à la même motivation que celle qu'on a observée chez Wyman. Il est certain que cette doctrine n'a aucun intérêt intrinsèque ; et elle a conduit ses partisans à des extrémités aussi donquichottesques que la mise en cause de la méthode de preuve par réduction à l'absurde – mise en cause dans laquelle je devine une réduction à l'absurde de la doctrine elle-même.

De plus, la doctrine de l'absence de signification des contradictions a pour grave inconvénient méthodologique de rendre impossible par principe tout test effectif pour déterminer ce qui a de la signification et ce qui n'en a pas. Il nous serait à jamais impossible de trouver des moyens systématiques de décider si une suite de signes a du sens ou n'en a pas – même pour nous individuellement, sans parler d'autrui. Car il suit d'une découverte de Church en logique mathématique qu'il ne peut pas y avoir de test pour la contradiction qui soit applicable de façon générale [1].

J'ai parlé de façon désobligeante de la barbe de Platon, et laissé entendre qu'elle était emmêlée. Je me suis ensuite largement étendu sur les inconvénients qu'il y avait à tolérer cette situation. Il est temps de penser aux mesures à prendre.

Russell, dans sa théorie de ce qu'on appelle les descriptions singulières, a montré clairement comment nous pourrions utiliser, de façon non dépourvue de signification, des noms apparents, sans pour autant supposer qu'il y ait des entités prétendument nommées. Les noms auxquels la théorie de Russell s'applique directement sont des noms descriptifs complexes **6** tels que « l'auteur de *Waverley* », « l'actuel roi de France », ou « la coupole ronde carrée de Berkeley College ». Russell analyse systématiquement ces expressions comme des fragments des phrases entières dans lesquelles elles figurent. La phrase « L'auteur de *Waverley* fut un poète », par exemple, est expliquée dans son ensemble comme signifiant « Quelqu'un (ou : quelque chose) a écrit *Waverley* et fut un poète, et rien d'autre n'a écrit *Waverley* ». (Cette proposition additionnelle est là pour affirmer l'unicité qui est implicite dans le mot « l' », dans l'expression « *l'*auteur de *Waverley* »). La phrase « La coupole ronde carrée de Berkeley College est rose » est expliquée comme signifiant : « Quelque chose est rond et carré et est une coupole sur Berkeley College et est rose, et rien d'autre n'est à la fois rond, carré, et une coupole sur Berkeley College » [2].

Le mérite de cette analyse est que le nom apparent, une expression descriptive, est paraphrasé *en contexte* par ce qu'on appelle un symbole incomplet. Aucune locution unifiée ne se présente comme une analyse de l'expression descriptive, mais l'énoncé pris comme un tout, qui était le contexte de cette expression, reçoit quand même son plein quota de signification – qu'il soit vrai ou faux.

---

1. Voir Church [2].
2. Sur la théorie des descriptions, voir plus bas, p. 129 *sq.*, p. 230 *sq.*

L'énoncé non analysé « L'auteur de *Waverley* fut un poète » contient un élément, « l'auteur de *Waverley* », dont McX et Wyman pensent, à tort, qu'il exige une référence objective pour avoir la moindre signification. Mais dans la traduction de Russell, « Quelque chose a écrit *Waverley* et fut un poète et rien d'autre n'a écrit *Waverley* », la charge de la référence objective qui avait été confiée à l'expression descriptive est maintenant assumée par les mots du genre de ce que les logiciens appellent variables liées, variables de quantification, à savoir, des mots comme « quelque chose », aucune chose », « toute chose ». Ces mots, loin de se présenter comme étant précisément des noms de l'auteur de *Waverley*, ne se présentent pas du tout comme des noms ; ils ont pour référence des entités en général, avec une ambiguïté calculée qui leur est particulière[1]. Ces mots quantificationnels, ou variables liées, sont, à l'évidence, une partie fondamentale du langage, et le fait qu'ils ont une signification, au moins en contexte, ne doit pas être remis en cause. Mais ce fait ne présuppose en aucune façon qu'il y ait l'auteur de *Waverley* ou la coupole ronde carrée sur Berkeley College ou n'importe quel autre objet précisément préassigné.

Pour ce qui concerne les descriptions, il n'y a plus aucune difficulté à affirmer ou à nier l'être. L'énoncé « Il y a l'auteur de *Waverley* » est expliqué par Russell comme signifiant « Quelqu'un (ou, plus précisément, quelque chose) a écrit *Waverley* et rien d'autre n'a écrit *Waverley* ». « L'auteur de *Waverley* n'est pas » est expliqué, de façon correspondante, par la disjonction : « Ou bien aucune chose n'a écrit *Waverley*, ou bien deux choses ou plus ont écrit *Waverley* ». Cette disjonction est fausse, mais pourvue de signification, et elle ne contient aucune expression destinée à nommer l'auteur de *Waverley*. L'énoncé « La coupole ronde carrée de Berkeley College n'est pas » est analysé d'une façon similaire. On se

---

1. Pour un traitement plus explicite des variables liées, voir plus bas, p. 125, 149.

débarrasse ainsi de la vieille idée selon laquelle les énoncés affirmant le non-être se détruisent eux-mêmes. Quand un énoncé affirmant l'être ou le non-être est analysé par la théorie russellienne des descriptions, il ne contient plus aucune expression qui soit même destinée à nommer l'entité présumée dont l'être est en question, si bien que le fait que l'énoncé est doué de signification ne peut plus être pensé comme présupposant qu'il y ait une telle entité.

Qu'en est-il maintenant de « Pégase » ? Comme il s'agit d'un mot plutôt que d'une expression descriptive, l'argument de Russell ne s'y applique pas immédiatement. Malgré tout, il est aisé de faire en sorte qu'il s'y applique. Nous avons seulement à reformuler « Pégase » comme une description, d'une façon qui semble adéquate pour distinguer notre idée ; disons : « le cheval ailé qui fut capturé par Bellérophon ». Si nous substituons une telle expression à « Pégase », nous pouvons alors procéder à l'analyse de l'énoncé « Pégase est », ou « Pégase n'est pas », précisément par analogie avec l'analyse que fait Russell de « L'auteur de *Waverley* est » et « L'auteur de *Waverley* n'est pas ».

Pour subsumer ainsi un nom fait d'un seul mot ou un nom présumé comme « Pégase » sous la théorie russellienne des descriptions, nous devons, bien entendu, être tout d'abord capables de traduire le mot en une description. Mais ce n'est pas une véritable restriction. Si la notion de Pégase avait été si obscure ou si simple qu'aucune traduction évidente en une expression descriptive ne s'était présentée d'elle-même par des voies familières, nous aurions encore pu nous servir de cet artifice apparemment trivial : nous aurions pu faire appel à l'attribut, *ex hypothesi* inanalysable et irréductible, *être Pégase*, en adoptant, pour son expression, le verbe « est-Pégase », ou « pégase ». Le nom « Pégase » lui-même peut alors être traité comme un dérivé, et identifié en fin de compte à une description : « la chose qui est-Pégase », ou « la chose qui pégase »[1].

Si admettre un prédicat comme « pégase » semble nous engager dans la reconnaissance qu'il y a un attribut correspondant, pégaser, dans le ciel de Platon ou dans l'esprit des hommes, pas de problème. Pas plus que Wyman ou McX, nous n'avons eu de conflit, jusqu'ici, sur l'être ou le non-être des universaux, mais seulement sur celui de Pégase. Si nous pouvons interpréter le nom « Pégase » en termes de pégaser comme une description soumise à la théorie russellienne des descriptions, alors nous nous sommes défaits de la vieille idée selon laquelle on ne pourrait dire que Pégase n'est pas sans présupposer qu'en un certain sens Pégase est.

Notre argument est maintenant tout à fait général. McX et Wyman supposaient que nous ne pouvions pas affirmer de manière pourvue de signification un énoncé de la forme « Untel n'est pas », avec un nom singulier simple ou descriptif à la place de « Untel », à moins que Untel ne soit. On voit maintenant que cette hypothèse est entièrement sans fondement, car le nom singulier en question peut toujours être développé en une description singulière, d'une façon triviale ou d'une autre manière, qui peut à son tour être analysée *à la* Russell.

Nous nous engageons dans une ontologie contenant des nombres quand nous affirmons qu'il y a des nombres premiers plus grands qu'un million, nous nous engageons dans une ontologie contenant des centaures quand nous disons qu'il y a des centaures ; et nous nous engageons dans une ontologie contenant Pégase quand nous disons que Pégase est. Mais nous ne nous engageons pas dans une ontologie contenant Pégase, ou l'auteur de *Waverley*, ou la coupole ronde carrée sur Berkeley College quand nous affirmons que Pégase, ou l'auteur de *Waverley*, ou la coupole en question *n'est pas*. Nous n'avons plus à être victimes de l'illusion selon laquelle,

---

1. Pour un approfondissement de cette assimilation de tous les termes singuliers à des descriptions voir plus bas, p. 232 ; et aussi Quine [2], p. 218-224.

dès lors qu'un énoncé contenant un terme singulier est pourvu [9] de signification, cela présuppose une entité nommée par le terme. Un terme singulier n'a pas besoin de nommer pour être signifiant.

Même sans le secours de Russell, McX et Wyman auraient peut-être eu une petite idée de tout cela, s'ils s'étaient contentés de remarquer – rares sont parmi nous ceux qui l'on fait – qu'il y a un gouffre entre *signifier* et *nommer*, même dans le cas d'un terme singulier qui est authentiquement un nom d'objet. L'exemple suivant, emprunté à Frege [3], nous sera utile. L'expression « l'étoile du soir » nomme un certain gros objet physique, de forme sphérique, qui file dans l'espace à des millions de kilomètres d'ici. L'expression « l'étoile du matin » nomme la même chose, comme un Babylonien observateur a probablement été le premier à le constater. Mais les deux expressions ne peuvent être considérées comme ayant la même signification ; sans quoi le Babylonien aurait pu se dispenser de ses observations et se contenter d'une réflexion sur la signification de ses mots. Les significations étant alors différentes l'une de l'autre, il faut bien qu'elles soient différentes de l'objet nommé, qui est une seule et même chose dans les deux cas.

La confusion de la signification avec la nomination n'a pas seulement conduit McX à penser qu'il ne pouvait de manière non dépourvue de signification rejeter l'être de Pégase ; cette confusion l'a sans doute aidé à inventer cette notion absurde que Pégase est une idée, une entité mentale. La structure de cette confusion est la suivante : il a confondu le prétendu *objet nommé* Pégase avec la *signification* du mot « Pégase », et en a donc conclu que Pégase doit être pour que le mot ait une signification. Mais quelle sorte de choses sont les significations ? C'est là un point problématique ; cependant, on pourrait de manière très plausible expliquer les significations comme étant des idées qui sont dans l'esprit, à supposer que l'on puisse donner ensuite un sens clair à l'idée d'idées dans l'esprit. Donc

le pauvre Pégase, tout d'abord confondu avec une signification, finit en idée dans l'esprit. Le plus remarquable est que
Wyman, parti avec les mêmes intentions que McX, ait évité
cette bourde spécifique, et se retrouve à la place avec ses
possibles inactualisés.

Passons maintenant au problème ontologique des universaux : la question de savoir s'il y a des entités comme les
attributs, les relations, les classes, les nombres, les fonctions,
McX, on s'en serait douté, pense qu'il y en a. Il dit à propos
10 des attributs : « Il y a des maisons rouges, des roses rouges,
des couchers de soleils rouges ; tout cela relève d'un sens
commun pré-philosophique avec lequel nous devons tous nous
accorder. Ces maisons, ces roses, et ces couchers de soleil, ont
alors quelque chose en commun ; et ce qu'elles ont en commun
est tout ce que j'entends par l'attribut de la rougeur ». Ainsi,
pour McX, qu'il y ait des attributs est même quelque chose de
bien plus évident et allant de soi que le fait évident et allant de
soi qu'il y a ces maisons rouges, ces roses, et ces couchers de
soleil. Il y a là, je pense, quelque chose de caractéristique de la
métaphysique, ou du moins de cette partie de la métaphysique
qu'on appelle ontologie : si l'on considère un énoncé concernant le domaine comme vrai, on doit considérer cette vérité
comme allant de soi. L'ontologie de quelqu'un est un élément
fondamental du schème conceptuel par lequel il interprète
toutes les expériences, même les plus ordinaires. Jugé de
l'intérieur d'un schème conceptuel particulier – et comment
juger serait-il possible autrement ? – un énoncé ontologique va
sans dire, et n'a besoin d'aucune justification distincte. Des
énoncés ontologiques suivent immédiatement de toutes sortes
d'énoncés informels sur des faits ordinaires, exactement
comme – en tout cas du point de vue du schème conceptuel de
McX – « Il y a un attribut » suit de « Il y a des maisons rouges,
des roses rouges, des couchers de soleil rouges ».

Jugé dans le cadre d'un autre schème conceptuel, un
énoncé ontologique qui, dans l'esprit de McX, a valeur

d'axiome, peut être considéré d'une fausseté tout aussi immédiate et allant non moins de soi. Quelqu'un peut admettre qu'il y a des maisons, des roses et des couchers de soleil qui sont rouges, et refuser cependant, sinon comme manière de parler courante et trompeuse, que ces choses aient quoi que ce soit en commun. Les mots « maisons », « roses », et « coucher de soleil », sont vrais de ces diverses entités individuelles que sont les maisons rouges, les roses rouges et les couchers de soleil rouges, et les mots « rouge » ou « objet rouge » sont vrais de chacune de ces entités individuelles que sont les maisons rouges, les roses rouges et les couchers de soleil rouges ; mais il n'y a pas, en plus, d'entité, individuelle ou autre, qui soit nommée par le mot « rougeur », pas plus qu'il n'y a d'ailleurs de « maisonnité », de « rosité », ou de « coucher-de-soleillité ». Que les maisons, les roses et les couchers de soleil soient tous rouges, peut être conçu comme un fait ultime et irréductible, et on peut soutenir que McX n'est pas dans une meilleure position, pour ce qui est du pouvoir explicatif des thèses soutenues, en dépit de toutes les entités occultes qu'il postule sous des noms tels que « rougeur ».

Un moyen par lequel McX aurait naturellement pu essayer de nous imposer son ontologie était déjà écarté avant que nous **11** en venions au problème des universaux. McX ne peut soutenir que les prédicats comme « rouge » ou « est-rouge », que nous nous accordons tous à utiliser, doivent être considérés comme étant chacun le nom d'une entité une et universelle pour être doués de signification. Car nous avons vu qu'être le nom de quelque chose est un trait bien plus particulier qu'être doué de signification. Il ne peut même pas nous accuser – du moins pas avec *cet* argument – d'avoir postulé l'attribut de pégaser par notre adoption du prédicat « pégase ».

Cependant, McX trouve un autre stratagème : « Accordons, dit-il, cette distinction entre signifier et nommer dont vous faites tant de cas. Allons jusqu'à accorder que « est rouge », « pégase » etc., ne sont pas des noms d'attributs. Mais vous admettez quand même qu'ils ont une signification. Et ces *significations*, qu'elles soient nommées ou non, sont bien des universaux, et j'irais jusqu'à dire que certaines d'entre elles pourraient même être ces choses que j'appelle des attributs, ou quelque chose qui remplit à peu près le même office en fin de compte ».

Venant de McX, voilà un discours inhabituellement pénétrant, et le seul moyen que je connaisse d'y riposter est de refuser d'admettre les significations. Mais justement, je n'hésite pas à refuser d'admettre les significations, car cela n'implique pas pour moi de nier que les énoncés et les mots soient pourvus de signification. McX et moi pourrions nous accorder à la lettre sur une classification des formes linguistiques distinguant celles qui sont pourvues de signification et celles qui ne le sont pas, même si McX conçoit le fait d'être doué de signification comme le fait d'*avoir* (en un sens vague de « avoir ») une certaine entité abstraite qu'il appelle une signification, ce qui n'est pas mon cas. Je reste libre de maintenir que le fait qu'une expression linguistique concrète soit douée de signification (ou *signifiante*, comme je préfère dire pour ne pas suggérer une hypostase des significations comme entités) est un fait irréductible et ultime ; ou je peux entreprendre d'analyser directement ce fait en termes de ce que font les gens en présence des expressions linguistiques en question, ou d'autres expressions similaires.

Il n'y a que deux façons ordinaires de parler (ou d'avoir l'air de parler) de significations qui soient utiles : en termes d'*avoir* des significations, à savoir de *signifiance*, et en termes d'*identité* de signification, ou de synonymie. Ce qu'on appelle *donner* la signification d'une expression n'est rien d'autre que proposer un synonyme, formulé d'ordinaire en langage plus clair que l'original. Si nous sommes allergiques aux significations en tant que telles, nous pouvons parler directement des expressions concrètes comme signifiantes ou non signifiantes, et comme synonymes ou hétéronymes entre elles. C'est un problème aussi difficile qu'important que d'expliquer ces adjectifs de « signifiant » et de « synonyme » avec un degré suffisant de clarté et de rigueur (de préférence, selon moi, en termes de comportement[1]). Mais la valeur explicative d'entités intermédiaires spéciales et irréductibles appelées significations est sûrement illusoire.

J'ai soutenu jusqu'à maintenant que nous pouvons faire usage de façon signifiante de termes singuliers dans des phrases, sans présupposer qu'il y a des entités que ces termes sont destinés à nommer. J'ai ensuite avancé l'idée que nous pouvons faire usage de termes généraux, par exemple de prédicats, sans concéder qu'ils soient des noms d'entités abstraites. Enfin, j'ai affirmé que nous pouvons considérer des expressions comme signifiantes, et comme synonymes ou hétéronymes entre elles, sans accréditer l'idée d'un royaume d'entités appelées significations. À ce stade, McX commence à se demander s'il existe une limite à notre immunité ontologique. Est-ce que *rien* de ce que nous pouvons dire ne nous engage dans l'admission des universaux, ou d'autres entités que nous pourrions trouver indésirables ?

J'ai déjà suggéré une réponse négative à cette question, en parlant de variables liées, ou variables de quantification, en rapport avec la théorie des descriptions de Russell. Nous pouvons très aisément nous impliquer dans des engagements ontologiques en disant, par exemple, qu'*il y a quelque chose* (variable liée) que les maisons et les couchers de soleil rouges ont en commun ; ou qu'*il y a quelque chose* qui est un nombre premier plus grand qu'un million. Mais c'est, essentiellement, la *seule* manière dont nous pouvons nous engager ontologiquement : par l'utilisation de variables liées. L'usage de noms présumés n'est pas un critère, car nous pouvons rejeter sans problème leur nominalité [*namehood*], à moins que l'acceptation d'une entité correspondante puisse être détectée, dans

---

1. Voir les essais II et III.

les choses que nous affirmons, en termes de variables liées. Les noms, en fait, n'ont aucun rapport avec la question ontologique, car j'ai montré, à propos de « Pégase » et de « pégaser », que les noms peuvent être convertis en descriptions, et Russell a montré que les descriptions peuvent être éliminées. Tout ce 13 que nous pouvons dire à l'aide des noms peut être dit dans un langage qui évite complètement les noms. Être admis comme une entité c'est, purement et simplement, être reconnu comme la valeur d'une variable. Dans les termes de la grammaire traditionnelle et de ses catégories, cela revient *grosso modo* à dire qu'être, c'est être dans le domaine de référence d'un pronom. Les pronoms sont les outils fondamentaux de la référence ; et il aurait mieux valu appeler les noms des pro-pronoms. Les variables de quantification, « quelque chose », « aucune chose », « toute chose », embrassent la totalité de notre ontologie, quelle qu'elle puisse être ; et nous sommes coupables d'une présupposition ontologique particulière si, et seulement si, l'objet présumé de la présupposition doit être compté parmi les entités du domaine parcouru par nos variables afin de rendre vraie l'une de nos affirmations.

Nous pouvons dire, par exemple, que des chiens sont blancs sans pour autant nous engager à reconnaître la caninité ou la blancheur comme des entités. « Des chiens sont blancs » dit que des choses, qui sont des chiens, sont blanches, et, pour que cet énoncé soit vrai, le domaine des choses parcouru par la variable liée « quelque chose » doit contenir quelques chiens blancs, mais pas nécessairement la caninité ou la blancheur. Par ailleurs, quand nous disons que certaines espèces zoologiques peuvent se croiser, nous nous engageons dans la reconnaissance comme entités de ces différentes espèces elles-mêmes, bien qu'elles soient abstraites. Nous restons ainsi engagés, au moins jusqu'à ce que nous trouvions une façon de paraphraser l'énoncé pour montrer que l'apparente référence aux espèces de la part de nos variables liées était une façon de parler que nous pouvons éviter[1].

Les mathématiques classiques, comme le montre l'exemple des nombres premiers plus grands que un million, sont engagées jusqu'au cou dans une ontologie d'entités abstraites. Cela explique que la grande controverse médiévale sur les universaux ait trouvé un nouveau souffle dans la philosophie des mathématiques contemporaine. Le problème est aujourd'hui plus clair que jadis, car nous avons maintenant une norme plus explicite pour décider dans quelle ontologie s'engage une théorie ou une forme de discours donnée : une théorie est engagée pour les entités, et celles-là seules, que ses variables liées doivent avoir comme références possibles pour que les affirmations faites dans la théorie soient vraies.

Comme cette norme de la présupposition ontologique n'était pas clairement visible dans la tradition philosophique, dans leur ensemble, les philosophes des mathématiques de notre temps n'ont pas reconnu qu'ils étaient en train de débattre de ce vieux problème des universaux sous une forme nouvellement clarifiée. Mais les clivages fondamentaux entre les points de vue contemporains sur les fondements des mathématiques se ramènent assez explicitement à des désaccords sur le domaine des entités qu'on devrait permettre aux variables liées d'avoir pour référence.

Les trois points de vue médiévaux les plus importants sur les universaux sont désignés par les historiens sous le nom de *réalisme*, *conceptualisme* et *nominalisme*. Les trois mêmes doctrines réapparaissent pour l'essentiel au XXᵉ siècle en philosophie des mathématiques sous les noms de *logicisme*, *intuitionnisme*, et *formalisme*.

Le *réalisme*, dans l'usage qui est fait de ce mot quand on fait référence à la controverse médiévale sur les universaux, est la doctrine platonicienne selon laquelle les universaux ou les entités abstraites ont l'être indépendamment de l'esprit ;

---

1. Pour un approfondissement de cette question, voir l'essai VI.

l'esprit peut les découvrir, mais ne peut pas les créer. Le *logicisme*, représenté par Frege, Russell, Whitehead, Church, et Carnap, tolère l'usage des variables liées pour faire référence indistinctement à des entités abstraites connues ou inconnues, spécifiables et non spécifiables.

Le *conceptualisme* soutient qu'il y a des universaux mais qu'ils sont des produits de l'esprit. L'*intuitionnisme*, adopté à l'époque moderne, sous une forme ou une autre, par Poincaré, Brouwer, Weyl et d'autres, n'admet l'usage des variables liées pour faire référence à des entités abstraites que lorsque ces entités sont susceptibles d'être concoctées individuellement à partir d'ingrédients spécifiés à l'avance. Comme l'a écrit Fraenkel, le logicisme soutient que les classes sont découvertes alors que l'intuitionnisme soutient qu'elles sont inventées – ce qui est une excellente formulation de la vieille opposition entre réalisme et conceptualisme. Cette opposition n'est pas une simple argutie ; elle indique une différence essentielle quant à la portion que chacun est prêt à accepter des mathématiques classiques. Les logicistes, ou les réalistes, peuvent, à partir de leurs assomptions, saisir les ordres croissants d'infinité de Cantor ; les intuitionnistes doivent s'en tenir à l'ordre le plus bas d'infinité, et même, conséquence indirecte de leurs assomptions, renoncer à quelques lois classiques sur les nombres réels [1]. La controverse contemporaine entre logicisme et intuitionnisme est née, en fait, de désaccords sur l'infini.

Le *formalisme*, associé au nom de Hilbert, fait écho à l'intuitionnisme en déplorant le recours débridé des logicistes aux universaux. Mais le formalisme trouve que l'intuitionnisme n'est pas non plus satisfaisant. Cela peut s'expliquer par deux raisons opposées. Le formaliste pourrait, comme le logiciste, s'opposer à l'amputation des mathématiques classiques ; ou bien, comme les *nominalistes* d'autrefois, s'opposer à ce qu'on admette, si peu que ce soit, des entités abstraites, même au sens restreint d'entités produites par l'esprit. Le résultat est

---

1. Voir plus bas, p. 178 *sq.*

le même : le formaliste conserve les mathématiques classiques en les considérant comme un jeu de notations non signifiantes. Ce jeu de notations peut avoir encore son utilité – en sus de l'utilité dont il a déjà fait preuve en tant que béquille pour la physique ou la technologie. Mais l'utilité n'implique pas la signifiance, en aucun sens linguistique littéral. Pas plus que le succès des mathématiciens, quand il s'agit de produire des théorèmes et de trouver des fondements objectifs à l'accord de leurs résultats mutuels, n'implique la signifiance. Car une base adéquate pour l'accord des mathématiciens peut simplement être trouvée dans les règles qui gouvernent la manipulation des notations – ces règles syntactiques étant, à la différence des notations elles-mêmes, tout à fait signifiantes et intelligibles [1].

J'ai montré que la sorte d'ontologie que nous adoptons peut avoir des conséquences – notamment pour les mathématiques, bien qu'elles ne soient qu'un exemple. Comment devons-nous alors départager les ontologies rivales ? La réponse n'est certainement pas donnée par la formule sémantique « Être, c'est être la valeur d'une variable » ; cette formule sert plutôt, à l'inverse, à éprouver la conformité d'une remarque ou d'une doctrine donnée à une norme ontologique préalable. Nous recherchons les variables liées, quand il est question d'ontologie, non pour savoir ce qu'il y a, mais pour savoir ce qu'une remarque ou une doctrine donnée, la nôtre ou celle d'autrui, *dit* qu'il y a ; et c'est là un problème qui concerne **16** proprement le langage. Mais ce qu'il y a est une autre question.

Lorsqu'on débat de ce qu'il y a, il y a encore des raisons pour se placer sur un plan sémantique. L'une d'entre elles est d'échapper à la situation fâcheuse évoquée au début de cet essai : celle où je ne peux admettre qu'il y a des choses que McX tolère et moi pas. Tant que j'adhère à mon ontologie, et pas à celle de McX, je ne peux laisser mes variables liées avoir

---

1. Voir Goodman et Quine. Pour de plus amples discussions des questions générales abordées dans ces deux pages, voir Bernays [1], Fraenkel, Black.

pour référence des entités qui appartiennent à l'ontologie de
McX et pas à la mienne. Je peux cependant, de façon cohérente, décrire notre désaccord en caractérisant les énoncés
défendus par McX. Il suffit que mon ontologie tolère des
formes linguistiques, ou tout au moins des inscriptions et des
émissions vocales concrètes, pour que je puisse parler des
phrases de McX.

Une autre raison de se replier sur le plan sémantique
est de trouver une base commune pour la discussion. Le
désaccord ontologique implique un désaccord fondamental
sur les schèmes conceptuels; cependant, en dépit de ces
désaccords fondamentaux, McX et moi-même constatons que
nos schèmes conceptuels convergent suffisamment dans leurs
ramifications intermédiaires et supérieures pour nous donner
la capacité de communiquer avec succès sur des sujets comme
la politique, le temps, et, en particulier, le langage. Pour autant
que notre controverse de base sur l'ontologie peut être traduite
vers le haut en controverse sémantique sur les mots et sur ce
qu'il faut en faire, il est possible de retarder le moment où la
controverse dégénère en pétition de principe.

Rien d'étonnant, alors, que les disputes ontologiques se
transforment en controverses sur le langage. Mais nous ne
devons pas nous empresser d'en conclure que ce qu'il y a
dépend des mots. La traductibilité d'une question en termes
sémantiques n'indique pas que la question est linguistique.
Voir Naples c'est porter un nom qui, lorsqu'il est préfixé aux
mots « voit Naples », donne une phrase vraie; il n'y a cependant rien de linguistique dans le fait de voir Naples.

Notre acceptation d'une ontologie est, selon moi, similaire
en principe à notre acceptation d'une théorie scientifique, par
exemple d'un système de physique : nous adoptons, pour autant
que nous sommes raisonnables, le schème conceptuel le plus
simple dans lequel on puisse faire entrer et arranger les fragments désordonnés de l'expérience brute. Notre ontologie est
déterminée une fois que nous avons mis au point le schème **17**

conceptuel global qui puisse faire droit à la science au sens le plus large ; et les considérations qui déterminent une construction raisonnable de n'importe quelle partie du schème conceptuel, par exemple, la partie biologique ou physique, ne sont pas différentes, dans leur genre, des considérations qui déterminent une construction raisonnable de l'ensemble du schème conceptuel. À quelque degré qu'on puisse dire que l'adoption de tout système scientifique théorique est affaire de langage, l'adoption d'une ontologie l'est au même degré, mais pas plus.

Cependant la simplicité, conçue comme principe heuristique de construction des schèmes conceptuels, n'est pas une idée claire et dépourvue d'ambiguïté ; et elle peut tout à fait se présenter comme une norme double ou multiple. Imaginez, par exemple, que nous ayons conçu l'ensemble le plus économique de concepts adéquats pour le compte rendu au coup par coup de l'expérience immédiate. Les entités dans ce schème – les valeurs des variables liées – sont, supposons, des événements individuels subjectifs de sensation ou de réflexion. Or nous devrions constater, sans doute, qu'un schème conceptuel physicaliste, qui vise à parler des objets extérieurs, offre de grands avantages pour ce qui est de simplifier nos comptes rendus globaux. En rassemblant les événements sensoriels épars et en les traitant comme des perceptions d'un seul objet, nous réduisons la complexité du flux de notre expérience à une simplicité conceptuelle maniable. La règle de la simplicité est en effet la maxime qui nous guide quand nous assignons les *sense-data* aux objets : nous associons d'abord un *sensum* de rond, puis un autre, à ce qu'on appelle un même *penny*, ou à deux *pennies* différents, en fonction des exigences de simplicité maximale de notre image totale du monde.

Nous avons ici deux schèmes conceptuels rivaux, l'un phénoméniste, l'autre physicaliste. Lequel doit prévaloir ? Chacun a ses avantages et sa simplicité propre. Je suggère que chacun mérite d'être développé. En fait on peut dire de chacun qu'il est le plus fondamental, mais en des sens différents : l'un épistémologiquement, l'autre physiquement.

Le schème conceptuel physique simplifie notre compte rendu de l'expérience, car des myriades d'événements sensoriels épars y trouvent à s'associer à ce qu'on appelle des objets, **18** où chaque objet est un ; cependant, il n'y a aucune chance pour que chaque phrase sur les objets physiques puisse être réellement traduite, même de façon détournée et complexe, dans le langage phénoméniste. Les objets physiques sont des entités postulées qui ramassent et simplifient notre façon de rendre compte du flux de l'expérience, exactement comme l'introduction des nombres irrationnels simplifie les lois de l'arithmétique. Du point de vue du schème conceptuel de l'arithmétique élémentaire des seuls nombres rationnels, l'arithmétique plus vaste des rationnels et des irrationnels aurait le statut d'un mythe commode, plus simple que la vérité littérale (à savoir l'arithmétique des rationnels) et comprenant cependant cette vérité littérale comme une partie disséminée. De façon semblable, du point de vue phénoméniste, le schème conceptuel des objets physiques est un mythe commode, plus simple que la vérité littérale et la contenant cependant comme une partie disséminée [1].

Qu'en est-il maintenant des classes ou des attributs d'objets physiques ? Une ontologie platonicienne de cette sorte est, du point de vue du schème conceptuel strictement physicaliste, un mythe, tout autant que l'est le schème conceptuel physicaliste du point de vue phénoméniste. Ce mythe supérieur est à son tour bon et utile, dans la mesure où il simplifie notre compte rendu de la physique. Comme les mathématiques sont une partie intégrante de ce mythe, son utilité pour les sciences physiques est bien évidente. En l'appelant malgré tout un mythe, je fais écho à la philosophie des mathématiques à laquelle je faisais allusion plus haut sous le nom de formalisme. Mais une attitude formaliste peut aussi, en toute justice,

1. L'analogie avec l'arithmétique est due à Frank, p. 156 *sq.*

être adoptée à l'encontre du schème conceptuel physicaliste par le pur esthète ou par le phénoméniste.

L'analogie entre le mythe des mathématiques et le mythe de la physique se révèle, par des voies inattendues et peut-être fortuites, remarquablement étroite. Considérons, par exemple, la crise dans les fondements des mathématiques au tournant du siècle, provoquée par la découverte du paradoxe de Russell et d'autres antinomies de la théorie des ensembles. Ces contradictions ont dû être écartées par des procédés *ad hoc* et non intuitifs[1]; notre fabrication de mythes en mathématiques est devenue délibérée et visible aux yeux de tous. Mais qu'en a-t-il été de la physique ? Une antinomie est apparue entre l'expli- **19** cation corpusculaire et l'explication ondulatoire de la lumière ; et si ce n'est pas là une contradiction aussi pure et dure que le paradoxe de Russell, je soupçonne que c'est simplement parce que la physique n'est pas aussi pure et dure que les mathématiques. De même, la seconde grande crise moderne des fondements des mathématiques – provoquée en 1931 par la preuve donnée par Gödel [2] qu'il existe nécessairement des énoncés indécidables en arithmétique – a eu pour pendant, en physique, le principe d'incertitude de Heisenberg.

J'ai entrepris, au début de cet essai, de montrer que certains arguments courants en faveur de certaines ontologies sont fallacieux. De plus, j'ai proposé une norme explicite qui permette de décider quels sont les engagements ontologiques d'une théorie. Mais la question de savoir quelle ontologie réellement adopter demeure encore ouverte, et l'attitude qui s'impose est la tolérance assortie d'un esprit expérimental. Si nous le voulons, voyons jusqu'à quel point le schème conceptuel physicaliste peut être réduit à un schème phénoméniste ; cependant, la physique exige tout aussi naturellement d'être poursuivie, si irréductible qu'elle puisse être *in toto*. Voyons comment, ou à quel degré, la science de la nature peut être rendue indépendante des mathématiques platoniciennes ; mais

1. Voir plus bas, p. 135 *sq.*, 142 *sq.*, 174 *sq.*

poursuivons aussi les mathématiques, et creusons encore dans leurs fondements platoniciens.

Parmi les divers schèmes conceptuels qui conviennent le mieux à ces diverses poursuites, l'un – le phénoméniste – revendique une priorité épistémologique. Vues dans le cadre de ce schème conceptuel phénoméniste, les ontologies d'objets physiques et d'objets mathématiques sont des mythes. Cependant, le statut de mythe est relatif; et dans ce cas, relatif au point de vue épistémologique. Ce point de vue en est un parmi d'autres. Il correspond à un intérêt et à un objectif parmi les intérêts et les objectifs variés qui sont les nôtres.

II

DEUX DOGMES DE L'EMPIRISME

L'empirisme contemporain a été largement conditionné **20** par deux dogmes. L'un consiste à croire en un clivage fondamental entre les vérités *analytiques*, ou fondées sur les significations indépendamment des questions de fait, et les vérités *synthétiques*, fondées sur les faits. L'autre est le *réductionnisme* : il consiste à croire que chaque énoncé doué de signification équivaut à une construction logique à partir de termes qui renvoient à l'expérience immédiate. Ces deux dogmes sont, je vais le montrer, sans fondement. Si on les abandonne, cela aura pour premier effet, comme on va le constater, un brouillage de la frontière entre métaphysique spéculative et science de la nature. Un second effet sera un glissement vers le pragmatisme.

1. L'ARRIÈRE-PLAN DE L'ANALYTICITÉ

Le clivage kantien entre vérités analytiques et synthétiques avait été préfiguré par la distinction humienne entre relations d'idées et questions de fait, ainsi que par la distinction leibnizienne entre vérités de raison et vérités de faits. Leibniz parlait des vérités de raison comme vraies dans tous les mondes possibles. Le pittoresque mis à part, cela revient à dire que les vérités de raison sont celles qui ne pourraient absolument pas être fausses. On entend certains définir, dans le même style, les énoncés analytiques comme ceux dont la négation est contradictoire. Mais cette définition a peu de valeur explicative; car la notion de contradiction, au sens très large dont nous avons besoin pour une définition de l'analyticité, aurait, tout autant que la notion d'analyticité elle-même, besoin d'être clarifiée. Les deux notions sont les deux faces d'une seule et même pièce – plutôt douteuse.

Kant concevait un énoncé analytique comme un énoncé qui n'attribue à son sujet rien de plus que ce qui est déjà conceptuellement contenu dans le sujet. Cette formulation a deux défauts : elle se limite aux énoncés de la forme sujet-prédicat, et elle fait appel à une notion de contenu qui reste à un niveau métaphorique. Mais l'intention de Kant, qui ressort mieux de l'usage qu'il fait de la notion d'analyticité que de la définition qu'il en donne, peut être réexprimée ainsi : un énoncé est analytique lorsqu'il est vrai en vertu des significations et indépendamment des faits. Poursuivons dans cette voie et examinons le concept de *signification* qu'elle présuppose.

Il ne faut pas identifier, rappelons-le, signifier et nommer[1]. L'exemple de Frege – l'« étoile du soir » et l'« étoile du matin » – et celui de Russell – « Scott » et l'« auteur de *Waverley* » – montrent que des termes peuvent nommer la même chose tout en étant de signification différente. La distinction entre signifier et nommer n'est pas moins importante au niveau des

1. Voir plus haut, p. 35.

termes abstraits. Les termes « 9 » et « le nombre des planètes »
nomment une seule et même entité abstraite, mais ont des
significations vraisemblablement différentes; car pour décider qu'ils nomment bien la même entité, il a fallu avoir recours
à l'observation astronomique, et pas à la pure et simple
réflexion sur les significations.

Les exemples cités ici consistent en des termes singuliers,
soit concrets, soit abstraits. Avec des termes généraux, ou des
prédicats, la situation, quoiqu'un peu différente, est parallèle.
À la différence des termes singuliers, censés nommer une
entité abstraite ou concrète, un terme général est *vrai* d'une
entité, ou de chacune s'il y en a plusieurs, ou enfin d'aucune [1].
On appelle *extension* du terme la classe de toutes les entités
dont un terme général est vrai. Parallèlement au contraste entre
la signification d'un terme singulier et l'entité qu'il nomme, il
nous faut aussi bien distinguer la signification d'un terme
général et son extension. Il se peut que l'extension des termes
généraux « créature ayant un cœur » et « créature ayant des
reins » soit semblable et leur signification différente.

La signification et l'extension, dans le cas des termes généraux sont moins couramment confondues que la signification
et la nomination dans le cas des termes singuliers. C'est en
effet un lieu commun, en philosophie, d'opposer l'intension
(ou la signification) à l'extension, ou encore, pour employer
un autre vocabulaire, la connotation à la dénotation.

Il fait peu de doute que la notion aristotélicienne d'essence [22]
fut un précurseur de la notion moderne d'intension ou de
signification. Pour Aristote, les hommes étaient rationnels par
essence et avaient deux jambes par accident. Mais il existe une
différence importante entre cette attitude et la doctrine de la
signification. Du point de vue de cette dernière, on peut en
effet dire (ne serait-ce que dans l'intérêt de l'argument) que
la signification du mot « homme » implique la notion de
rationalité et non celle d'avoir deux jambes; mais on peut en

---

1. Voir plus haut p. 36; et plus bas, p. 155-165.

même temps considérer que la signification de « bipède »
implique (le fait) d'avoir deux jambes mais non pas la rationalité. Donc, du point de vue de la doctrine de la signification, il
n'y a pas de sens à dire de l'individu effectif, qui est simultanément homme et bipède, qu'il est rationnel par essence et
qu'il a deux jambes par accident, ou vice versa. Pour Aristote,
les choses avaient une essence ; mais seules les formes linguistiques ont une signification. La signification, c'est ce que
devient l'essence, une fois divorcée d'avec l'objet de la référence et remariée au mot.

Une question se pose de manière assez flagrante à la
théorie de la signification, à savoir la nature de ses objets :
quelle sorte de choses sont les significations ? Le besoin de
concevoir les significations comme des entités peut se faire
sentir si l'on n'a pas su préalablement dissocier la signification
de la référence. Une fois que la théorie de la signification est
strictement séparée de la théorie de la référence, il ne reste
qu'un pas à franchir pour faire de la synonymie des formes
linguistiques et de l'analyticité des énoncés l'objet premier de
la théorie de la signification ; on n'a plus que faire des entités
intermédiaires et obscures que sont les significations [1].

Nous voilà de nouveau devant le problème de l'analyticité.
Il ne faut pas aller chercher bien loin pour trouver des énoncés
déclarés analytiques par acclamation philosophique. Ils se
répartissent en deux classes. Ceux de la première classe, qu'on
peut appeler *logiquement vrais,* sont du type suivant :

(1)   Aucun homme non marié n'est marié.

Le trait pertinent de cet exemple vient de ce qu'il n'est pas
simplement vrai tel quel, mais qu'il reste vrai pour toute
réinterprétation possible de « homme » et de « marié ». Si
l'on suppose un inventaire préalable des particules *logiques,*
comprenant « aucun », « non– », « ne... pas », « si », « alors »,
« et », etc., alors en général une vérité logique est un énoncé qui

1. Voir plus bas, p. 37 *sq.* et plus haut, p. 84-98.

est et reste vrai pour toute réinterprétation de ses composants 23
autres que les particules logiques.

Mais il existe aussi une seconde classe d'énoncés analytiques, du type suivant :

(2)   Aucun célibataire n'est marié.

Le trait caractéristique d'un tel énoncé, c'est qu'on peut le transformer en vérité logique, si l'on remplace les synonymes par des synonymes; par exemple, (2) peut être transformé en (1), pour peu qu'on remplace « célibataire » par son synonyme « homme non marié ». Nous n'avons toujours pas de caractérisation satisfaisante de cette seconde classe d'énoncés analytiques, et donc pas non plus de l'analyticité en général, dans la mesure où, dans le cas tout juste décrit, on a dû prendre appui sur une notion – la « synonymie » – qui manque tout autant de clarté que l'analyticité.

Carnap, ces dernières années, a eu tendance à expliquer l'analyticité en recourant à ce qu'il appelle des descriptions d'états [1]. Une description d'état consiste à assigner de manière exhaustive des valeurs de vérité aux énoncés atomiques, ou non composés du langage. Carnap suppose que tous les autres énoncés du langage sont construits à partir de leurs clauses composantes au moyen des outils logiques familiers, de telle sorte que la valeur de vérité de n'importe quel énoncé complexe est fixée pour chaque description d'état par des lois logiques spécifiables. Un énoncé est déclaré analytique lorsqu'il s'avère vrai pour chaque description d'état. Cette explication est une adaptation du critère leibnizien « vrai dans tous les mondes possibles ». Mais il est clair que cette version de l'analyticité ne peut remplir sa mission que si, contrairement à « Jean est célibataire » et « Jean est marié », les énoncés atomiques du langage sont mutuellement indépendants. Autrement, il y aurait une description d'état qui assignerait la vérité à « Jean est célibataire » et à « Jean est marié », et par

1. Carnap [3], p. 9 *sq.* ; [4], p. 70-89.

conséquent, selon le critère proposé, « Aucun célibataire n'est marié » se révélerait synthétique plutôt qu'analytique. Ainsi le critère d'analyticité, formulé en termes de description d'états, ne peut servir que dans le cas de langues dépourvues de paires de synonymes extra-logiques, tels que « célibataire » et « homme non marié » – des paires de synonymes du type qui donne naissance à la « seconde classe » d'énoncés analytiques. **24** Le critère exprimé en termes de description d'états est au mieux une reconstruction de la vérité logique, pas de l'analyticité.

Je ne veux pas suggérer que Carnap se fasse quelque illusion que ce soit sur ce point. Ce que vise prioritairement son modèle de langage simplifié au moyen des descriptions d'états, ce n'est pas le problème général de l'analyticité, mais tout autre chose, à savoir la clarification de l'induction et des probabilités. Notre problème, cependant, c'est l'analyticité ; et là, la difficulté principale réside, non pas dans la première classe d'énoncés, les vérités logiques, mais dans la seconde classe, celle qui dépend de la notion de synonymie.

2. DÉFINITION

Il y en a qui trouvent réconfortant de dire que les énoncés analytiques de la seconde classe se ramènent par *définition* à ceux de la première classe, les vérités logiques ; on *définit* par exemple « célibataire » par « homme non marié ». Mais comment fait-on pour savoir que la définition de « célibataire » est « homme non marié » ? Qui l'a défini ainsi et quand ? Doit-on avoir recours au dictionnaire le plus proche et accepter les formulations du lexicographe comme ayant force de loi ? Cela reviendrait clairement à mettre la charrue avant les bœufs. Le lexicographe fait de la science empirique, et a pour tâche de prendre acte des faits passés ; et s'il explicite « célibataire » par « homme non marié », c'est parce qu'il croit qu'il existe entre ces deux formes une relation de synonymie déjà implicite dans l'usage ordinaire ou le plus fréquent avant qu'il ne se mette au travail. La notion de synonymie ici présupposée reste à clarifier, vraisemblablement en des termes qui la relient au comportement linguistique. En tout état de cause, une « définition » se contente d'enregistrer une synonymie attestée. Elle ne peut donc pas servir de fondement à la synonymie.

De surcroît, les philologues ne sont pas les seuls à définir les mots. En science et en philosophie, on « définit » fréquemment un terme abscons en le paraphrasant dans un vocabulaire plus familier. Mais comme elles se contentent de prendre acte de synonymies déjà attestées, toutes ces définitions, comme celle du philologue, sont purement lexicographiques.

Qu'affirme-t-on au juste lorsqu'on affirme la synonymie, et quelles sont donc les liaisons nécessaires et suffisantes qui permettent de décrire adéquatement deux formes linguistiques comme étant synonymes ? Tout cela est loin d'être clair. Mais quelles que soient ces liaisons, elles sont d'ordinaire enracinées dans l'usage. Lorsque des définitions donnent des exemples spécifiques de synonymie, elles se réduisent à des comptes rendus de l'usage.

Il existe cependant une autre variété de définitions, qui ne se bornent pas à rendre compte de synonymies préexistantes. Je pense à ce que Carnap appelle une *explication* – il s'agit d'une activité à laquelle s'adonnent les philosophes, et également les scientifiques dans leurs phases philosophiques. Le but d'une explication n'est pas simplement de paraphraser le *definiendum* au moyen d'un bon synonyme, mais plutôt d'améliorer le *definiendum*, d'en réélaborer ou d'en compléter la signification. Mais même si l'explication ne se contente pas de mentionner des synonymies préexistantes entre le *definiendum* et le *definiens*, elle n'en repose pas moins sur d'*autres* synonymies préexistantes. On peut se représenter le problème de la façon suivante : tout mot digne d'être expliqué possède certains contextes qui, pris dans leur totalité, sont suffisamment clairs et précis pour être utiles. La fonction de l'explication est de préserver l'usage de ces contextes favoris, tout en affinant l'usage d'autres contextes. Pour qu'une définition donnée soit appropriée aux fonctions d'explication, ce qui est donc requis, ce n'est pas que le *definiendum* dans son usage précédent soit synonyme du *definiens*, mais simplement que chaque contexte favori du *definiendum*, pris comme un tout dans son usage précédent, soit synonyme du contexte correspondant du *definiens*.

Deux *definientia* différents peuvent convenir à la tâche de l'explication sans pour autant être synonymes entre eux. Ils peuvent en effet servir de façon interchangeable dans les contextes favoris, et diverger ailleurs. En adhérant à l'un de ces *definientia* plutôt qu'à l'autre, une définition de l'espèce explicative engendre, par simple décret, une relation de synonymie entre *definiendum* et *definiens* qu'il n'y avait pas auparavant. Mais une telle définition doit toujours sa fonction explicative, on l'a vu, à des synonymies préexistantes.

Reste pourtant une sorte extrême de définition qui ne se **26** replie pas le moins du monde sur des synonymies préalables : à savoir l'introduction explicitement conventionnelle de notations nouvelles, dans le simple but de l'abréviation. Dans ce cas, le *definiendum* devient synonyme du *definiens*, simplement parce qu'on l'a créé exprès pour cela. Nous avons alors vraiment un cas transparent de synonymie créée par une définition. Si toutes les espèces de synonymies pouvaient être aussi intelligibles ! Dans les autres cas, la définition repose sur la synonymie, plutôt qu'elle ne l'explique.

Le mot « définition » a désormais une tonalité dangereusement rassurante, sans doute à cause de son usage fréquent dans les écrits de logique et de mathématique. Il serait bon maintenant de faire une digression, pour évaluer brièvement le rôle des définitions dans les sciences formelles.

Dans les systèmes logiques et mathématiques, on peut rechercher deux types d'économie possibles, mutuellement antagonistes ; l'un et l'autre ont une utilité pratique particulière. D'une part, on peut rechercher l'économie d'expression – on cherche alors à énoncer avec aisance et brièveté des relations aux multiples facettes. Ce type d'économie exige d'ordinaire des notations concises et caractéristiques pour des concepts abondants. D'autre part et par contraste, on peut chercher à économiser la grammaire et le vocabulaire. On peut essayer de trouver un minimum de concepts de base, tels qu'une fois qu'on a trouvé pour chacun une notation caracté-ristique, on puisse exprimer n'importe quel concept supplé-mentaire en combinant et en répétant simplement nos nota-tions de base. En un sens, ce deuxième type d'économie n'est pas très pratique, puisque la pauvreté des expressions de base contribue nécessairement à rallonger le discours. Mais en un autre sens, il est pratique : il simplifie beaucoup le discours théorique *à propos* du langage en minimisant les termes et les formes de construction dont se compose le langage.

Même si elles sont à première vue incompatibles, ces deux espèces d'économie sont précieuses chacune à leur manière. Il est donc devenu courant de les combiner en forgeant de fait deux langages, dont l'un est une partie de l'autre. Le langage incluant sera redondant par sa grammaire et son vocabulaire, mais économique par la brièveté de ses messages. Le langage inclus, appelé notation primitive, sera économique par sa grammaire et son vocabulaire. Le tout et la partie sont corrélés **27** par des règles de traduction, grâce auxquelles chaque idiome, qui n'est pas écrit en notation primitive, est identifié à un complexe construit à partir de la notation primitive. Ces règles de traduction sont ce qu'il est convenu d'appeler des *défini-tions*, dans les systèmes formalisés. Il faut se les représenter, non pas comme des ajouts à un langage, mais comme des corrélations entre deux langages, dont l'un est une partie de l'autre.

Or, ces corrélations ne sont pas arbitraires. Elles sont censées montrer comment les notations primitives peuvent accomplir toutes les fonctions du langage redondant, à part la brièveté et la commodité. On peut donc attendre que le *definiendum* et son *definiens* seront, dans chaque cas, reliés l'un à l'autre des trois façons possibles déjà relevées. Le *definiens* peut être une paraphrase fidèle du *definiendum*, dans la notation plus pauvre, préservant une synonymie directe avec l'usage précédent[1]; le *definiens* peut, dans l'esprit de l'explication, améliorer l'usage précédent du *definiendum*; ou enfin, le *definiendum* peut être lui-même une notation récemment créée, récemment pourvue de signification *hic et nunc*.

Dans les travaux formels et informels – mis à part les cas extrêmes d'introduction explicitement conventionnelle de nouvelles notations – il s'avère que la définition dépend de relations de synonymie préalables. Admettons donc que la notion de définition ne nous donnera pas la clé de la synonymie ni celle de l'analyticité et explorons plus profondément la notion de synonymie, en laissant la notion de définition de côté.

3. L'INTERCHANGEABILITÉ

La suggestion suivante paraît assez naturelle pour mériter qu'on l'examine attentivement : la synonymie de deux formes linguistiques consisterait simplement dans leur interchangeabilité dans tous les contextes sans changement de valeur de vérité – selon l'expression de Leibniz, interchangeabilité *salva veritate*[2]. Remarquez qu'on n'a nullement besoin que les synonymes ainsi conçus soient dépourvus d'imprécision, à condition que les imprécisions se valent.

28   Mais il n'est pas vrai que les synonymes « célibataire » et « personne non mariée » soient partout interchangeables

---

1. Selon un sens important et variant de « définition », la relation préservée peut être une relation plus faible, un simple accord de référence ; voir « Notes sur la théorie de la référence », p. 187. Mais il vaut mieux négliger ce sens de la définition ici, car il n'a rien à voir avec la question de la synonymie.

2. Voir Lewis [1], p. 373.

salva veritate. Il est facile de construire des vérités qui se transforment en faussetés quand on substitue le deuxième au premier à l'aide de « célibataire endurci » ou de « électron célibataire », ou encore à l'aide de guillemets, de cette manière :

« célibataire » a moins de douze lettres.

On peut probablement, cela dit, mettre de côté ces contre-exemples et traiter l'expression « électron célibataire » et l'expression entre guillemets « "célibataire" », chacune comme un mot indivisible, puis stipuler que l'interchangeabilité *salva veritate*, qui est la pierre de touche de la synonymie, n'est pas censée s'appliquer à des occurrences fragmentaires à l'intérieur d'un mot. Cette conception de la synonymie, à supposer qu'on l'accepte pour d'autres raisons, a l'inconvénient de faire appel à la notion de « mot », qui elle-même n'est pas sans présenter certaines difficultés. On peut néanmoins considérer qu'en ayant réduit le problème de la synonymie au problème de savoir ce qu'est un mot, on a accompli un certain progrès. Continuons donc sur cette voie, en présupposant la notion de « mot ».

Reste la question de savoir si l'interchangeabilité *salva veritate* (sauf pour les occurrences à l'intérieur des mots) est une condition de la synonymie suffisamment forte, ou si, au contraire, il existe des expressions hétéronymes qui seraient interchangeables. Il faut au préalable clairement indiquer que nous ne nous intéressons pas ici à la synonymie dans le sens d'une identité complète des associations psychologiques ou des qualités poétiques. En vérité, aucune expression n'est synonyme d'aucune autre en ce sens. Nous ne nous intéressons qu'à ce qu'on peut appeler la synonymie *cognitive*. On ne peut pas vraiment définir ce qu'est cette dernière, avant d'avoir réussi à terminer cette étude ; mais on en sait déjà ce qu'en révélait la définition de l'analyticité au § 1. Nous n'avions alors besoin que d'un type de synonymie permettant de transformer n'importe quel énoncé analytique en vérité logique, lorsqu'on remplace des synonymes par des synonymes. Renversons le jeu et partons maintenant de l'analyticité : on pourrait alors expliquer la synonymie cognitive des termes de la manière suivante (pour conserver notre exemple familier). Dire que « célibataire » et « personne non mariée » sont syno-

29 nymes du point de vue cognitif, c'est dire ni plus ni moins que l'énoncé :

(3) Tous les célibataires et rien que les célibataires sont des personnes non mariées

est analytique [1].

Ce dont nous avons besoin, c'est d'une conception de la synonymie cognitive qui ne présuppose pas l'analyticité dans la mesure où nous voulons réciproquement expliquer l'analyticité à l'aide de la synonymie cognitive selon la démarche du § 1. C'est justement une conception indépendante de la synonymie cognitive que nous allons maintenant envisager : l'interchangeabilité *salva veritate* partout sauf à l'intérieur des mots. La question à laquelle nous sommes confrontés, pour reprendre enfin notre fil conducteur, est de savoir si cette interchangeabilité est une condition suffisante de la synonymie cognitive. On peut rapidement s'assurer que c'est le cas en ayant recours aux exemples du genre suivant. L'énoncé :

(4) Tous et rien que les célibataires sont nécessairement des célibataires

est évidemment vrai, même si, par hypothèse, on conçoit « nécessairement » de manière tellement étroite qu'il ne s'applique véritablement qu'aux énoncés analytiques. Si, en

---

1. C'est la synonymie dans un sens premier et large. Carnap ([3] p. 56 *sq.*) et Lewis ([2] p. 83 *sq.*) ont montré comment l'on peut dériver un sens plus étroit de la synonymie cognitive parfois préférable, à partir de cette notion. Mais c'est une ramification liée à la construction du concept. Elle est marginale par rapport au problème présent. Il ne faut pas la confondre avec la notion large de synonymie cognitive à laquelle nous nous intéressons ici.

outre, « célibataire » et « personne non mariée » sont interchangeables *salva veritate,* l'énoncé :

(5)   Tous et rien que les célibataires sont nécessairement des
       personnes non mariées

qui résulte du remplacement d'une occurrence de « célibataire » dans (4) par « personne non mariée » doit être,
comme (4), vrai. Mais dire que (5) est vrai, c'est dire que (3) est
analytique, et par conséquent que « célibataire » et « personne
non mariée » sont synonymes du point de vue cognitif. Voyons
ce qui donne à l'argument précédent l'air d'un tour de passe-
passe. La force de la condition d'interchangeabilité *salva
veritate* varie avec la richesse du langage qu'on envisage.
L'argument précédent suppose que nous travaillions avec un
langage suffisamment riche pour contenir l'adverbe « nécessairement » et qu'on interprète celui-ci de manière à ce qu'il
donne un énoncé vrai seulement lorsqu'il est appliqué à un   **30**
jugement analytique. Mais peut-on tolérer un langage contenant un tel adverbe ? L'adverbe a-t-il réellement un sens ?
Répondre oui, revient à supposer qu'on sait déjà donner un
sens satisfaisant à « analytique ». Mais alors à quoi bon nous
donner toute cette peine en ce moment ?

Notre argument n'est pas totalement circulaire, mais
presque. Il ressemble, pour ainsi dire, à une courbe fermée dans
l'espace.

L'interchangeabilité *salva veritate* est dépourvue de sens à
moins d'être relativisée à un langage dont l'étendue est
spécifiée de manière pertinente. Considérons maintenant un
langage ne contenant que deux catégories d'expressions : il
contient un ensemble illimité de prédicats dont le contenu est
principalement extra-logique : ces prédicats ont tantôt une
place d'argument (par exemple « F » où « Fx » signifie que x
est un homme) et tantôt plusieurs places (par exemple, « G » où
« Gxy » signifie que x aime y). Le reste du langage est logique.
Les phrases atomiques sont chacune faites d'un prédicat suivi

d'une ou de plusieurs variables « x », « y », etc. ; et les phrases, complexes sont construites en appliquant les fonctions de vérité (« non », « et », « ou », etc.) et la quantification aux phrases atomiques[1]. En fait, un tel langage jouira aussi des bienfaits des descriptions et en général des termes singuliers, qu'on sait définir contextuellement[2]. On peut même définir contextuellement des termes singuliers abstraits désignant des classes, des classes de classes, etc., à condition que l'ensemble des prédicats de départ comprenne le prédicat à deux places d'appartenance à une classe[3]. Un langage de ce genre peut servir à exprimer les mathématiques classiques et plus généralement tout discours scientifique, pour autant que ce dernier n'inclut pas de procédés aussi discutables que les conditionnels contrefactuels ou les adverbes modaux comme « nécessairement »[4]. Un langage de ce type est extensionnel, au sens suivant : si deux prédicats quelconques sont extensionnellement équivalents (c'est-à-dire, s'ils sont vrais des mêmes objets), alors ils sont interchangeables *salva veritate*[5].

31 C'est pourquoi, dans un langage extensionnel, l'interchangeabilité *salva veritate* ne peut pas garantir la synonymie cognitive du type désiré. Le fait que « célibataire » et « personne non mariée » soient interchangeables *salva veritate* dans un langage extensionnel ne nous garantit rien d'autre que la vérité de (3). Rien ne nous garantit ici que l'accord extensionnel de « célibataire » et de « personne non mariée » repose sur la signification plutôt que sur des faits accidentels, comme dans le cas de l'équivalence extensionnelle entre « créature ayant un cœur » et « créature ayant des reins ».

1. « Nouveaux Fondements », plus bas, p. 124 *sq.*, contient justement la description d'un langage de ce genre, si ce n'est qu'elle ne contient qu'un seul prédicat, le prédicat à deux places « $\in$ ».

2. Voir plus haut p. 30-33 ; et plus bas, p. 129 *sq.*, 230 *sq.*

3. Voir plus bas, p. 131.

4. Pour ces procédés, voir essai VIII, « Référence et modalité ».

5. C'est le point essentiel de Quine [1], *121.

La plupart du temps, l'équivalence extensionnelle est la meilleure approximation de la synonymie qu'on puisse souhaiter. Mais il n'en demeure pas moins qu'avec l'équivalence extensionnelle, on est encore loin de la synonymie cognitive du type requis pour expliquer l'analyticité à la manière du § 1. Le type de synonymie cognitive requis doit permettre de poser l'équation entre la synonymie de « célibataire » et de « personne non mariée » et l'analyticité de (3), et non pas simplement la vérité de (3).

Il nous faut donc reconnaître que l'interchangeabilité *salva veritate,* conçue dans le cadre d'un langage extensionnel, n'est pas une condition suffisante de la synonymie cognitive au sens requis pour dériver l'analyticité à la manière du § 1. Si un langage contient l'adverbe intensionnel « nécessairement » (au sens mentionné précédemment) ou d'autres particules de ce genre, alors l'interchangeabilité *salva veritate* dans un tel langage constitue effectivement une condition suffisante de la synonymie cognitive. Mais un tel langage n'est intelligible que dans la mesure où la notion d'analyticité est déjà préalablement comprise.

Tenter d'expliquer d'abord la synonymie cognitive, pour en dériver l'analyticité comme au § 1, n'est peut-être pas une bonne approche. Peut-être devrions-nous au contraire essayer d'expliquer l'analyticité, sans faire appel à la synonymie cognitive. Après quoi nous pourrions, sans aucun doute, dériver de l'analyticité, si nous le souhaitons, une définition acceptable de la synonymie cognitive. Comme on l'a vu, on peut expliquer la synonymie cognitive entre « célibataire » et « personne non mariée » en disant que (3) est analytique. On peut utiliser la même explication pour n'importe quelle paire de prédicats à une place, et on peut l'étendre de manière évidente à des prédicats à plusieurs places. On peut aussi rendre compte d'autres catégories syntaxiques d'une manière sensiblement parallèle. On peut dire des termes singuliers **32** qu'ils sont synonymes d'un point de vue cognitif, lorsque le jugement d'identité qu'on forme en insérant « = » entre eux est analytique. On peut simplement dire que certains énoncés sont synonymes du point de vue cognitif, lorsque leur biconditionnel (obtenu en les reliant par « si et seulement si ») est analytique [1]. Si l'on souhaite fondre toutes les catégories en une seule formulation, au prix de devoir présupposer de nouveau la notion de « mot », à laquelle nous avons déjà fait appel dans cette section, on peut dire que deux formes linguistiques quelconques sont synonymes du point de vue cognitif, lorsque les deux formes sont interchangeables (sauf pour les occurrences à l'intérieur des « mots ») *salva* (non plus *veritate* mais) *analyticitate*. Certaines questions techniques sont soulevées à l'occasion de cas d'ambiguïtés ou d'homonymies. Mais ne nous arrêtons pas pour elles, car nous avons fait déjà suffisamment de digressions. Laissons donc de côté le problème de la synonymie et consacrons-nous de nouveau au problème de l'analyticité.

4. Les règles sémantiques

Il semblait d'abord qu'en ayant recours au royaume des significations, on définirait tout naturellement l'analyticité. Puis, après un examen plus fin, le recours aux significations s'est transformé en recours à la synonymie ou à la définition. Mais la définition s'est révélée n'être qu'un feu follet, et la synonymie n'être intelligible qu'en recourant d'abord à l'analyticité elle-même. Donc, nous voilà revenus au problème de l'analyticité.

Je ne sais pas si l'énoncé « Tout ce qui est vert est étendu » est analytique. Est-ce que mon indécision révèle une compréhension incomplète, une appréhension incomplète des « significations » de « vert » et « étendu » ? Je ne le crois pas. Ce qui fait problème, ce n'est ni « vert » ni « étendu », mais « analytique ».

---

1. Le « si et seulement si » est pris ici en son sens vérifonctionnel. Voir Carnap [3], p. 14.

On suggère souvent que la difficulté à séparer les énoncés analytiques et synthétiques dans le langage ordinaire provient du manque de précision du langage ordinaire et que la distinction est claire lorsque l'on dispose d'un langage artificiel précis muni de « règles sémantiques » explicites. Comme je vais essayer de le montrer, il s'agit là d'une confusion.

La notion d'analyticité qui fait l'objet de nos soins est une **33** relation censée exister entre des énoncés et des langages : on dit d'un énoncé S qu'il est *analytique pour* un langage L. Or, le problème est de savoir si cette relation peut avoir un sens en général, c'est-à-dire pour des « S » et des « L » variables. Le problème n'est pas moins difficile dans le cas des langages artificiels que dans le cas des langages naturels. Il est tout aussi difficile de donner un sens à l'expression « S est analytique pour L », dans laquelle « S » et « L » sont des variables lorsqu'on limite le domaine de la variable « L » à des langages artificiels. Je vais maintenant essayer de rendre cette proposition évidente.

Lorsqu'il est question de langages artificiels et de règles sémantiques, on se tourne tout naturellement vers les écrits de Carnap. Ses règles sémantiques ont des formes variées, et pour mon propos, il me faudra distinguer certaines de ces formes. Supposons, pour commencer, un langage artificiel L_0, dont les règles sémantiques ont la forme explicite d'une spécification récursive ou autre de tous les énoncés analytiques de L_0. Les règles nous disent que tels et tels énoncés, et seulement ceux-là, sont les énoncés analytiques de L_0. La difficulté vient alors simplement de ce que les règles contiennent le mot « analytique », que nous ne comprenons pas ! Nous comprenons quelles sont les expressions auxquelles les règles attribuent l'analyticité, mais nous ne comprenons pas ce que les règles attribuent à ces expressions. Bref, avant de pouvoir comprendre une règle qui commence par « Un énoncé S est analytique pour un langage L_0 si et seulement si... », nous devons pouvoir comprendre le terme relatif général « analytique pour » ; nous devons pouvoir comprendre « S est analytique pour L », lorsque « S » et « L » sont des variables.

Inversement, on pourrait voir dans la prétendue règle la définition conventionnelle du simple symbole nouveau « analytique-pour-L_0 », qu'on ferait d'ailleurs mieux d'écrire tout bonnement « K », de façon à ne pas avoir l'air de clarifier le mot intéressant « analytique ». Naturellement on peut dans tel ou tel but, ou même sans aucun but, spécifier un nombre quelconque de classes K, M, N, etc., d'énoncés de L_0, mais que signifie le fait de dire que K, par opposition à M, N, etc., est la classe des énoncés « analytiques » de L_0 ?

En disant quels énoncés sont analytiques pour L_0, on explique « analytique-pour-L_0 », mais ni « analytique » ni « analytique pour ». On n'a pas encore le début d'une explication de l'expression « S est analytique pour L », dans laquelle « S » et « L » sont des variables, même si l'on accepte de limiter le domaine de « L » à l'ensemble des langages artificiels.

En fait, nous en savons suffisamment sur la signification présumée de « analytique » pour savoir que les énoncés analytiques doivent être vrais. Tournons-nous maintenant vers une deuxième forme de règle sémantique affirmant, non pas que tels énoncés sont analytiques, mais simplement que tels énoncés sont inclus dans les vérités. On ne reprochera pas à une telle règle de contenir le mot inintelligible « analytique » ; et l'on peut admettre, dans l'intérêt de l'argument, que le terme plus inclusif « vrai » n'offre aucune difficulté. Une règle sémantique du second type, qui est une règle de vérité, n'est pas censée spécifier toutes les vérités du langage ; elle stipule simplement, récursivement ou d'une autre manière, un certain nombre d'énoncés qu'on va dès lors considérer, avec d'autres qui ne sont pas spécifiés, comme vrais. On peut bien dire qu'une telle règle est tout à fait claire. On pourrait après coup caractériser l'analyticité de la manière suivante : un énoncé est analytique s'il est (non, seulement vrai mais) vrai conformément à la règle sémantique.

Et pourtant nous n'avons pas vraiment progressé. Au lieu de faire appel au mot inexpliqué « analytique », nous faisons maintenant appel à l'expression inexpliquée « règle sémantique ». On ne peut pas donner le statut de règle sémantique à n'importe quel énoncé vrai qui déclare que les énoncés d'une certaine classe sont vrais – autrement, *toutes* les vérités seraient « analytiques », au sens où elles seraient vraies conformément aux règles sémantiques. Apparemment, on ne peut distinguer les règles sémantiques que par le fait qu'elles apparaissent sur une page sous le titre « Règles Sémantiques » ; et ce titre est lui-même dépourvu de signification.

On peut toujours dire qu'un énoncé est *analytique-pour-L_0* si et seulement s'il est vrai conformément à telles « règles sémantiques » spécialement placées là pour la circonstance. Mais alors on se retrouve de nouveau confronté au problème de départ : « S est analytique-pour-L_0 si et seulement si... ». Dès qu'on essaie d'expliquer « S est analytique pour L » lorsque « L » est une variable (même si on accepte de limiter « L » aux langages artificiels), l'explication « vrai conformément aux règles sémantiques de L » perd toute valeur ; car le terme relatif « règle sémantique de » a au moins autant besoin de clarification que « analytique pour ».

35   Il est peut-être instructif de comparer les notions de règle sémantique et de postulat : étant donné un ensemble de postulats, il est facile de dire ce qu'est un postulat : c'est un élément de l'ensemble. Étant donné un ensemble de règles sémantiques, il est tout aussi facile de dire ce qu'est une règle sémantique. Mais étant donné simplement une notation, qu'elle soit mathématique ou autre, on a beau la comprendre assez en profondeur pour pouvoir traduire les énoncés auxquels elle s'applique, ou exprimer leurs conditions de vérité, on ne peut pas dire pour autant quels énoncés occupent le rang de postulats. Il est évident que la question n'a aucun sens – pas plus de

sens que de demander quels sont les points de l'Ohio qui sont des points de départ. N'importe quelle sélection finie (ou infinie mais effectivement spécifiable) d'énoncés (sans doute vrais de préférence) est un ensemble possible de postulats. Le mot « postulat » n'a de sens que relativement à une investigation ; le mot s'applique à un ensemble d'énoncés dans des conditions historiques transitoires bien particulières : lorsque notre pensée se concentre sur certains énoncés à partir desquels les autres sont accessibles grâce à un ensemble de transformations que nous jugeons, à ce moment-là, dignes de notre attention. La notion de règle sémantique a autant de sens et de raison d'être que celle de postulat, si on la conçoit comme une notion également relative – relative, cette fois, à tel ou tel effort fait dans le but d'enseigner les conditions suffisantes de vérité des énoncés d'un langage L (qu'il soit naturel ou artificiel), aux personnes qui ne s'expriment pas couramment dans ce langage. Mais, de ce point de vue, on ne peut pas désigner une sous-classe des vérités de L comme étant, pour des raisons intrinsèques, une règle sémantique, plutôt que n'importe quelle autre ; et si « analytique » signifie « vrai en vertu des règles sémantiques », aucune vérité de L n'est analytique, par opposition à une autre [1].

Quelqu'un pourrait peut-être objecter d'une part qu'un langage artificiel L (contrairement à un langage naturel) est un langage au sens ordinaire, *plus* un ensemble de règles sémantiques explicites – le tout constituant, disons, une paire ordonnée ; et que d'autre part, les règles sémantiques de L sont donc simplement spécifiables comme le second terme de la paire L. Mais, par le même raisonnement, et plus simplement, on pourrait interpréter un langage artificiel L directement comme une paire ordonnée, dont le second terme est la classe de ses énoncés analytiques ; les énoncés analytiques de L seraient

36

---

1. Le précédent paragraphe ne faisait pas partie du présent essai dans sa première publication. Martin (voir la bibliographie) a été à son origine, comme pour la fin de l'essai VII.

alors simplement les énoncés appartenant au second terme de
L. Ou mieux encore, on pourrait arrêter d'essayer de s'élever
dans les airs en se tirant par les cheveux.

Je ne prétends pas avoir passé en revue explicitement
toutes les explications de l'analyticité qu'on trouve chez
Carnap, mais il est aisé de voir comment étendre l'argument
aux autres formes. Il faut simplement mentionner un dernier
facteur, qui parfois joue un certain rôle : parfois, les règles
sémantiques sont en fait des règles de traduction dans un
langage ordinaire. Auquel cas les énoncés analytiques du langage artificiel sont identifiables, à partir de l'analyticité de
leurs traductions en langage ordinaire. Il n'y a alors aucune
raison de penser que le problème de l'analyticité sera illuminé
par le langage artificiel.

Du point de vue du problème de l'analyticité, la notion de
langage artificiel muni de règles sémantiques est un *feu follet
par excellence*[*]. Les règles sémantiques déterminant les
énoncés analytiques d'un langage artificiel n'ont d'intérêt que
dans la mesure où nous comprenons au préalable la notion
d'analyticité. Elles ne nous aident nullement à acquérir une
telle compréhension.

Faire appel à des langages hypothétiques artificiellement
simples pourrait peut-être servir à clarifier l'analyticité à
condition que le modèle simplifié contienne les facteurs de la
vie mentale, du comportement ou de la vie culturelle qui permettent d'étudier l'analyticité. Mais on a peu de chance de faire
progresser l'explication de l'analyticité, avec un modèle qui
prend simplement l'analyticité pour une donnée irréductible.

Il est évident que la vérité dépend en général à la fois du
langage et des faits extra-linguistiques. L'énoncé «Brutus a
tué César» serait faux, s'il en avait été différemment du
monde, mais il serait également faux si le mot «a tué» avait le
sens de «était le père de». C'est pourquoi on peut être tenté de

---

[*] En français dans le texte (N. d. T).

penser que la vérité d'un énoncé, en général, est analysable en deux composantes, une composante linguistique et une composante factuelle. Étant donné cette supposition, il devient alors raisonnable de penser que, dans certains énoncés, la composante factuelle puisse être nulle : ce serait les énoncés 37 analytiques. Mais aussi raisonnable que paraisse *a priori* cette hypothèse, on n'a toujours pas réussi à tracer une frontière entre les énoncés analytiques et synthétiques. Croire qu'une telle distinction peut être tracée est un dogme non empirique des empiristes, un acte de foi métaphysique.

5. LA THÉORIE DE LA VÉRIFICATION ET LE RÉDUCTIONNISME

Au cours de ces sombres réflexions, nous avons exprimé nos réserves sur la notion de signification, puis de synonymie cognitive, et enfin d'analyticité. Mais qu'en est-il, pourrait-on demander, de la théorie vérificationniste de la signification? Cette expression est à tel point devenue un slogan de l'empirisme que nous adopterions une démarche vraiment peu scientifique si nous ne l'examinions pas, pour savoir si elle ne contient pas l'une des clés du problème de la signification et des problèmes afférents.

La théorie vérificationniste de la signification, qui occupe le devant de la scène dans la tradition depuis Peirce, déclare que la signification d'un énoncé est la méthode par laquelle ce dernier est empiriquement confirmé ou infirmé. Un énoncé analytique est ce cas limite, qui est confirmé quoi qu'il arrive.

Conformément à la méthode du § 1, nous ne nous attarderons pas sur la question des significations comme entités et nous passerons immédiatement à la question de l'identité des significations, ou synonymie. Ce que dit alors la théorie vérificationniste de la signification, c'est que des énoncés sont synonymes, si et seulement si ils sont semblables, du point de vue de la méthode de leur confirmation ou de leur infirmation empirique.

Il s'agit d'une doctrine de la synonymie cognitive, non pas des formes linguistiques en général, mais des seuls énoncés[1]. De la synonymie pour les énoncés on pourrait cependant dériver le concept de synonymie pour les autres formes linguistiques, moyennant des considérations analogues à celles du § 3. En présupposant la notion de « mot », on pourrait en effet concevoir la synonymie entre deux formes quelconques de la manière suivante : le fait de remplacer une occurrence de **38** l'une des deux formes par l'autre, dans un énoncé (sauf pour les occurrences à l'intérieur des « mots »), engendre un énoncé synonyme. Enfin, étant donné le concept de synonymie pour des formes linguistiques en général, on pourrait définir l'analyticité en termes de synonymie et de vérité logique, comme au § 1. En fait, on pourrait définir l'analyticité plus simplement en termes de synonymie des énoncés et de vérité logique ; il n'est pas nécessaire de faire appel à la synonymie de formes linguistiques autres que les énoncés. Car on peut dire qu'un énoncé est analytique simplement lorsqu'il est synonyme d'un énoncé logiquement vrai.

Donc, si l'on admet que la théorie de la vérification permet d'expliquer la synonymie des énoncés, on finit par sauver la notion d'analyticité. Arrêtons-nous cependant pour réfléchir. On dit de la synonymie des énoncés qu'elle est la similitude des méthodes de confirmation et d'infirmation empiriques. Mais quelles sont au juste ces méthodes dont il s'agit d'évaluer la similitude ? En d'autres termes, quelle est la nature de la

---

1. On peut en effet formuler la doctrine en prenant des termes plutôt que des énoncés pour unités. Ainsi Lewis décrit la signification d'un terme comme « un *critère dans l'esprit*, grâce auquel on peut appliquer ou refuser d'appliquer l'expression en question dans le cas de choses ou de situations réelles ou imaginées » ([2], p. 133). Pour un compte rendu instructif des vicissitudes de la théorie vérificationniste de la signification, centrée davantage sur la question de ce qu'est *avoir* une signification [meaning*fulness*] que sur la synonymie et l'analyticité, voir Hempel.

relation entre un énoncé et les expériences qui contribuent à accroître ou diminuer sa confirmation ?

La conception la plus naïve de la relation, c'est celle d'une constatation directe. C'est le *réductionnisme radical*. On suppose alors que tout énoncé doué de sens peut être traduit en un énoncé (vrai ou faux) portant sur l'expérience immédiate. Le réductionnisme radical, sous une forme ou une autre, a devancé de loin ce qu'on appelle la théorie vérificationniste de la signification proprement dite. Par exemple, pour Locke et Hume, chaque idée ou bien devait provenir directement de l'expérience sensible; ou bien devait être composée d'idées qui en venaient. En nous inspirant d'une suggestion de Tooke, nous pourrions reformuler cette doctrine dans le jargon sémantique en disant que, pour qu'un terme ait un sens quelconque, il doit être ou bien le nom d'un *sense-datum*, ou bien composé de noms de ce type, ou encore l'abréviation d'un tel composé. Sous cette forme, la doctrine préserve l'ambiguïté entre les *sense-data*, conçues comme des événements sensoriels et les *sense-data* conçues comme des qualités sensorielles; elle ne précise pas non plus quels sont les modes de composition admissibles. En outre, la doctrine impose une critique terme à terme, qui est infiniment trop restrictive. Il serait plus raisonnable, sans pour autant sortir des limites de ce que j'ai appelé le réductionnisme radical, de prendre des énoncés entiers comme
39 unités ayant un sens – exigeant alors que nos énoncés entiers soient traduisibles dans la langue des *sense-data*, et non pas qu'ils soient traduisibles terme à terme.

Locke, Hume et Tooke auraient, sans aucun doute, applaudi cette modification, mais historiquement, il aura fallu attendre une réorientation profonde de la sémantique – la réorientation, par laquelle le porteur fondamental de la signification n'est plus le terme, mais l'énoncé. On peut observer cette orientation chez Bentham et chez Frege; elle sous-tend, chez Russell, le concept de symboles incomplets définis par l'usage [1]. Elle est aussi implicitement présente dans la théorie vérificationniste de la signification, puisque les objets de la vérification sont des énoncés.

Le réductionnisme radical, maintenant conçu avec des énoncés pour unités, se donne pour tâche de spécifier un langage de *sense-datum* et de montrer comment on peut y traduire le reste du discours ayant un sens, énoncé par énoncé. C'est le projet auquel Carnap s'était attelé dans l'*Aufbau*.

Le langage adopté par Carnap, comme point de départ, n'était pas le langage des *sense-data* le plus étroit qu'on puisse imaginer, puisqu'il incluait les notations de la logique, y compris la théorie abstraite des ensembles. En fait, il incluait tout le langage des mathématiques pures. L'ontologie, qui y était implicite (c'est-à-dire, le domaine des valeurs de ses variables), recouvrait non seulement les événements sensoriels, mais les classes, les classes de classes, etc. Il est des empiristes qui reculeraient devant une telle prodigalité. Carnap avait pourtant choisi un point de départ dont l'attirail extra-logique ou sensoriel est extrêmement parcimonieux. Grâce à une série de constructions, pour lesquelles il exploite les ressources de la logique moderne avec beaucoup d'ingéniosité, Carnap parvient à définir un large réseau de concepts sensoriels supplémentaires importants, dont personne, avant lui, n'aurait jamais cru qu'on pouvait les définir à partir d'une base aussi modeste. Il fut le premier empiriste, qui, non content d'affirmer la réductibilité de la science aux termes de l'expérience immédiate, s'engagea sérieusement sur la voie de cette réduction.

Si le point de départ de Carnap est satisfaisant, ses constructions, comme il le remarque lui-même, ne repré- **40** sentent néanmoins qu'un fragment du programme complet. Il n'a pu qu'ébaucher la construction des énoncés concernant le monde physique, même les plus simples. Mais même ébauchées, les suggestions de Carnap en la matière furent extrê-

1. Voir plus haut, p. 31.

mement suggestives. Il concevait les instants-points spatio-temporels comme des quadruples de nombres réels et envisageait d'assigner des qualités sensibles aux instants-points, selon certains canons. Le plan, approximativement résumé, consistait à assigner les qualités aux instants-points, de façon à obtenir le monde le plus paresseux, compatible avec notre expérience. Dans notre entreprise de construction d'un monde à partir de l'expérience, nous devions adopter pour guide le principe de moindre action.

Carnap n'a semble-t-il pas remarqué que sa réduction des objets physiques était non seulement une ébauche, mais qu'elle était vouée à l'échec pour des raisons de principe. Des énoncés du type « La qualité q est à l'instant-point x, y, z, t » devaient, selon ses canons, recevoir des valeurs de vérité de façon à maximiser ou à minimiser certains aspects globaux, et, l'expérience aidant, les valeurs de vérité devaient être révisées dans le même esprit. Je pense que c'est une bonne schématisation (bien sûr, extrêmement simplifiée) de ce que la science fait en réalité ; mais elle ne fournit aucune indication, pas même la moindre ébauche, permettant de traduire un énoncé de la forme « La qualité g est à x, y, z, t » dans le langage des *sense-data* et de la logique que Carnap avait choisi au départ. Le connecteur « est à » reste un connecteur additionnel non défini ; les canons nous aident à l'utiliser, mais pas à l'éliminer.

Il semble que Carnap ait pris conscience de ce fait après coup, car dans ces ouvrages plus récents, il abandonne toute notion de traductibilité des énoncés concernant le monde physique en énoncés concernant l'expérience immédiate. Il y a longtemps que le réductionnisme, dans sa forme radicale, ne figure plus dans la philosophie de Carnap.

Mais le dogme du réductionnisme continue, de manière atténuée et plus subtile, à influencer la pensée des empiristes. L'idée que chaque énoncé, ou plutôt chaque énoncé synthétique, est associé à un éventail unique d'événements sensoriels possibles, que l'occurrence de n'importe quel d'entre eux peut

accroître la probabilité que l'énoncé soit vrai, et que lui est **41**
associé également un autre éventail unique d'événements
sensoriels possibles dont l'occurrence ferait diminuer cette
probabilité, persiste toujours. Cette idée reste bien sûr implicite dans la théorie vérificationniste de la signification.

Le dogme du réductionnisme survit dans la supposition
que chaque énoncé, isolé de ses compagnons, peut être confirmé ou infirmé. Ma contre-suggestion, tirée essentiellement
de la doctrine carnapienne du monde physique dans l'*Aufbau*,
est que nos énoncés sur le monde extérieur affrontent le
tribunal de l'expérience sensible, non pas individuellement,
mais seulement collectivement[1].

Le dogme du réductionnisme, même sous sa forme atténuée, est intimement lié à l'autre dogme – selon lequel il existe
un clivage entre l'analytique et le synthétique. Nous avons,
quant à nous, été conduits du dernier problème au premier,
par le biais de la théorie vérificationniste de la signification.
Plus directement, l'un sert de support à l'autre de la manière
suivante : tant que l'on tient pour signifiant en général de
parler de la confirmation ou de l'infirmation d'un énoncé, il
paraît signifiant d'envisager le cas limite d'un énoncé confirmé automatiquement, *ipso facto*, en toutes circonstances, et de
décréter cet énoncé analytique.

Les deux dogmes sont, à la racine, identiques. Nous avons
remarqué un peu plus haut qu'en général la vérité des énoncés
dépend, de façon évidente, à la fois du langage et des faits
extra-linguistiques ; nous avons vu que cette observation évidente peut conduire, sinon logiquement, en tout cas hélas
naturellement, au sentiment qu'on peut analyser la vérité d'un
énoncé en deux composantes, l'une linguistique, l'autre factuelle. Si l'on est empiriste, la composante factuelle se réduit
à une série de confirmations par l'expérience. Dans le cas
extrême, où la composante linguistique est la seule qui

1. Duhem a bien défendu cette doctrine, p. 303-328. Voir aussi Lowinger,
p. 132-140.

compte, un énoncé vrai est analytique. Mais j'espère qu'on arrive maintenant à apprécier combien la distinction entre l'analytique et le synthétique a obstinément résisté à toute tentative de la tracer clairement. Ce qui me frappe aussi, c'est qu'à part certains exemples préfabriqués, comme les billes **42** noires et blanches contenues dans une urne, tous les efforts pour parvenir à une théorie explicite de la confirmation empirique d'un énoncé synthétique ont toujours été décevants. Ce que je suggère à présent, c'est que c'est un non-sens, et à l'origine de beaucoup de non-sens, de parler des composantes linguistique et factuelle de la vérité d'un énoncé individuel. Prise collectivement, la science a une double dépendance à l'égard du langage et de l'expérience; mais on ne peut pas suivre cette dualité à la trace dans les énoncés de la science, pris un à un.

L'idée de définir un symbole contextuellement représenta, comme on l'a vu, un progrès, par rapport à l'impossible empirisme terme à terme de Locke et Hume. Avec Bentham, on en vint à reconnaître l'énoncé, plutôt que le terme, comme l'unité dont doit rendre compte une critique empiriste. Ce sur quoi j'insiste maintenant, c'est que même en prenant pour unité l'énoncé, nous employons un tamis trop fin. L'unité de signification empirique est la science prise comme un tout.

6. L'EMPIRISME SANS LES DOGMES

La totalité de ce qu'il est convenu d'appeler notre savoir ou nos croyances, des faits les plus anecdotiques de l'histoire et de la géographie aux lois les plus profondes de la physique atomique, ou même des mathématiques pures et de la logique, est une étoffe tissée par l'homme, et dont le contact avec l'expérience ne se fait qu'en bordure. Ou encore, pour changer d'image, la science totale est comparable à un champ de forces, dont les conditions limites seraient l'expérience. Si un conflit avec l'expérience intervient à la périphérie, des réajustements s'opèrent à l'intérieur du champ. Il faut alors redistribuer les valeurs de vérité entre certains de nos énoncés. La réévaluation de certains énoncés entraîne la réévaluation de certains autres, à cause de leurs liaisons logiques – quant aux lois logiques elles-mêmes, elles ne sont à leur tour que des énoncés de plus dans le système, des éléments plus éloignés dans le champ. Lorsqu'on a réévalué un énoncé, on doit en réévaluer d'autres, qui peuvent être soit des énoncés qui lui sont logiquement liés, soit les énoncés de liaison logique eux-mêmes. Mais le champ total est tellement sous-déterminé par ses conditions limites, à savoir l'expérience, qu'on a toute latitude pour choisir les énoncés qu'on veut réévaluer, au cas où interviendrait une seule expérience contraire. Aucune expé- 43 rience particulière n'est, en tant que telle, liée à un énoncé particulier situé à l'intérieur du champ, si ce n'est indirectement, à travers des considérations d'équilibre concernant le champ pris comme un tout.

Si cette conception est juste, il est alors fourvoyant de parler du contenu empirique d'un énoncé individuel – en, particulier, s'il s'agit d'un énoncé un tant soit peu éloigné de la périphérie sensorielle du champ. En outre, il devient aberrant de rechercher une frontière entre les énoncés synthétiques qui reposent sur l'expérience de façon contingente, et les énoncés analytiques qui valent en toutes circonstances. On peut toujours maintenir la vérité de n'importe quel énoncé, quelles que soient les circonstances. Il suffit d'effectuer des réajustements radicaux dans d'autres régions du système. On peut, même, en cas d'expérience récalcitrante, préserver la vérité d'un énoncé situé tout près de la périphérie, en alléguant une hallucination, ou en modifiant certains des énoncés qu'on appelle lois logiques. Réciproquement, et du même coup, aucun énoncé n'est à tout jamais à l'abri de la révision. On a été jusqu'à proposer de réviser la loi logique du tiers exclu, pour simplifier la mécanique quantique ; quelle différence de principe entre un changement de ce genre et ceux par lesquels

Kepler a remplacé Ptolémée, Einstein a remplacé Newton, ou Darwin a remplacé Aristote ?

Pour rendre le tableau vivant, j'ai parlé de variation de distances par rapport à une périphérie sensorielle. Essayons maintenant de clarifier cette notion sans métaphore. Certains énoncés, même s'ils sont *à propos* des objets physiques, et non de l'expérience sensible, semblent cependant avoir des affinités sélectives avec l'expérience : certains énoncés avec certaines expériences. Ceux des énoncés qui ont certaines affinités avec des expériences particulières, je me les représente proches de la périphérie. Mais par cette relation d'« affinité », je n'envisage rien de plus qu'une association relâchée, reflétant la probabilité relative pour que nous choisissions, en pratique, de réviser tel énoncé plutôt que tel autre, en cas d'expérience récalcitrante. Par exemple, on peut imaginer certaines expériences récalcitrantes, auxquelles on aurait certainement tendance à accommoder notre système, en rééévaluant simplement l'énoncé selon lequel il y a des maisons de brique dans la rue des Ormes, ainsi que d'autres énoncés sur ce sujet. On peut imaginer d'autres expériences récalcitrantes, auxquelles on aurait tendance à accommoder notre système, en rééévaluant simplement l'énoncé selon lequel les centaures n'existent pas, et d'autres de la même famille. On peut s'accommoder d'une expérience récalcitrante, comme je l'ai indiqué, en choisissant différentes rééévaluations possibles, dans plusieurs régions possibles du système total ; mais, dans les cas que nous imaginons maintenant, notre tendance naturelle à déformer le système total aussi peu que possible nous conduirait à réviser principalement les énoncés concernant les maisons de brique ou les centaures. C'est qu'on a l'impression en effet que ces énoncés ont une référence empirique plus saillante que les énoncés théoriques abstraits de la physique, de la logique, ou de l'ontologie. On imagine ces derniers relativement près du centre à l'intérieur du réseau global – entendant par là simplement que leurs liaisons préférentielles avec des *sense-data* particuliers n'émergent qu'en petit nombre.

Étant empiriste, je continue à concevoir, en dernière instance, le schème conceptuel de la science comme un instrument, destiné à prédire l'expérience future à la lumière de l'expérience passée. Les objets physiques sont introduits conceptuellement dans ce contexte en tant qu'intermédiaires commodes – non qu'ils soient définis en termes d'expérience, simplement ce sont des entités postulées [*posits*] irréductibles, comparables, épistémologiquement parlant, aux dieux d'Homère. En ce qui me concerne, en tant que physicien profane, je crois aux objets physiques et non pas aux dieux d'Homère ; et je considère que c'est une erreur scientifique de croire autrement. Mais du point de vue de leur statut épistémologique, les objets physiques et les dieux ne diffèrent que par degré et non pas par nature. L'une et l'autre sortes d'entités ne trouvent de place dans notre conception qu'en tant que culturellement postulées. Si le mythe des objets physiques est épistémologiquement supérieur à la plupart des autres, c'est qu'il s'est révélé être un instrument plus efficace que les autres mythes, comme dispositif d'intégration d'une structure maniable dans le flux de l'expérience.

Nous ne nous bornons pas à poser ainsi l'existence d'objets physiques macroscopiques. Nous posons aussi l'existence d'objets au niveau atomique, pour simplifier et rendre plus maniables les lois gouvernant les objets macroscopiques, et en fin de compte les lois de l'expérience. Et nous n'avons pas besoin d'attendre ou d'exiger une définition des entités atomiques et subatomiques en termes macroscopiques, ni plus ni moins que d'une définition des choses macroscopiques en termes de *sense-data*. La science est un prolongement du sens 45 commun, et utilise la même tactique que lui : gonfler l'ontologie pour simplifier la théorie.

Les objets physiques, petits et grands, ne sont pas les seules entités postulées. Les forces sont un autre exemple, et l'on dit aujourd'hui que la frontière entre l'énergie et la matière est obsolète. En outre, nous posons, dans le même esprit, les entités abstraites qui forment la substance des mathématiques – en dernière instance, des classes, des classes de classes, etc. Du point de vue épistémologique, elles ont le même statut de mythe que les objets physiques et les dieux, ni meilleur ni pire : la seule différence étant le degré avec lequel ils facilitent nos interactions avec les expériences sensorielles.

L'algèbre globale des nombres rationnels et irrationnels est sous-déterminée par l'algèbre des nombres rationnels, mais elle est plus harmonieuse et plus commode ; et elle inclut l'algèbre des nombres rationnels, comme une partie qu'on y aurait sauvagement taillée dans le vif[1]. La science totale, qu'elle soit mathématique, naturelle et humaine est, de manière similaire, mais encore plus extrême, sous-déterminée par l'expérience. Les bordures du système doivent rester en ligne avec l'expérience ; le reste, avec tout son assortiment de mythes et de fictions complexes, a pour objectif la simplicité des lois.

Les questions ontologiques sont, de ce point de vue, sur le même plan que les questions des sciences naturelles[2]. Considérons la question de savoir s'il faut admettre des classes comme entités. Ainsi que je l'ai expliqué ailleurs[3], cela revient à se demander si les classes peuvent servir de domaine aux variables de quantification. Carnap [6] maintient que ce n'est pas une question de fait, mais qu'il s'agit de choisir une forme de langage commode, un schème conceptuel ou un cadre commode pour la science. Je suis d'accord avec lui, mais à condition de dire la même chose des hypothèses scientifiques en général. Carnap ([6], p. 32 n.) a admis qu'il ne peut maintenir de double standard pour les questions ontologiques et les hypothèses scientifiques qu'en admettant une distinction

---

1. Voir plus haut, p. 46.
2. « L'ontologie fait corps avec la science elle-même et ne peut en être séparée. » cité en français dans le texte, Meyerson, p. 439.
3. Plus haut, p. 39 *sq.* ; plus bas, p. 149 *sq.*

absolue entre l'analytique et le synthétique, et je n'ai pas **46** besoin de redire que c'est là une distinction que je rejette [1].

La question de savoir s'il existe des classes semble être davantage une question de commodité du schème conceptuel ; la question de savoir s'il existe des centaures ou des maisons de brique dans la rue des Ormes semble être davantage une question de fait. Mais j'ai insisté sur le fait que cette différence n'est qu'une différence de degré et qu'elle provient de notre inclination vaguement pragmatique à ajuster tel fil de l'étoffe de la science, plutôt que tel autre, pour rendre compte d'une expérience récalcitrante particulière. Le conservatisme joue un rôle dans des choix de ce type, tout comme la recherche de la simplicité.

Carnap, Lewis et d'autres adoptent une attitude pragmatique lorsqu'il s'agit de choisir entre des formes de langage, des cadres scientifiques ; mais leur pragmatisme s'envole dès qu'ils passent la frontière imaginaire entre l'analytique et le synthétique. En répudiant une telle frontière, j'épouse un pragmatisme plus profond. Chaque homme reçoit un bombardement permanent de stimulations sensorielles en plus d'un héritage scientifique ; et les considérations qui le guident lorsqu'il taille son héritage scientifique pour qu'il puisse être endossé par ces continuels signaux sensoriels, tant qu'elles sont rationnelles, sont pragmatiques.

---

1. Pour l'expression pertinente d'insatisfactions supplémentaires à l'égard de cette distinction, voir White [2].

III

LE PROBLÈME DE LA SIGNIFICATION
EN LINGUISTIQUE

1

La lexicographie a pour objet, du moins semble-t-il, l'identification des significations, et les recherches sur le changement sémantique portent sur le changement de signification. Dans l'attente d'une explication satisfaisante de la notion de signification, les linguistes qui travaillent dans des champs sémantiques se trouvent dans la situation de ne pas savoir de quoi ils parlent. Cette situation n'est pas gênante. Les anciens astronomes connaissaient remarquablement bien le mouvement des planètes sans savoir ce qu'étaient les planètes. Mais elle est théoriquement insatisfaisante, comme en sont douloureusement conscients les plus théoriciens de nos linguistes.

La confusion de la signification avec la référence[1] a encouragé la tendance à tenir pour acquise la notion de signification. Comme si la signification du mot « homme » était aussi tangible que notre voisin et celle de l'expression « étoile

---

1. Voir plus haut, p. 35.

du soir » aussi claire que l'étoile dans le ciel. Comme si remettre en question, ou désavouer, cette notion revenait à supposer un monde où il n'y a que du langage, sans rien à quoi il puisse se référer. De fait, nous pouvons admettre un monde plein d'objets, laisser nos divers termes singuliers et généraux référer à ces objets à leur manière et nous en contenter, sans jamais nous intéresser à la question de la signification.

Un objet auquel on fait référence, qu'on le nomme par un terme singulier ou qu'on le dénote par un terme général, peut être ce que l'on veut. Les significations, par contre, prétendent **48** être des réalités d'un genre particulier : la signification d'une expression est l'idée qu'elle exprime. Or les linguistes sont largement d'accord pour considérer que l'idée d'une idée, l'idée de la contrepartie mentale d'une forme linguistique, est absolument dénuée de toute valeur pour la linguistique en tant que science. Je pense que les béhavioristes ont raison de dire que parler d'idées est une mauvaise affaire, même en psychologie. Le vice de l'idée d'idée est que son usage, tout comme l'appel chez Molière à une *virtus dormitiva*, engendre l'illusion d'avoir expliqué quelque chose. Et l'illusion s'accroît du fait qu'on aboutit à un état assez vague pour nous assurer du moins une certaine stabilité, sinon la liberté de ne pas aller plus avant.

Revenons maintenant au lexicographe, tout à son supposé intérêt pour les significations, et cherchons à découvrir ce qu'il trafique, si ce ne sont pas des entités mentales. La réponse n'est pas à chercher trop loin : le lexicographe, comme tout linguiste, étudie les formes linguistiques. Le seul point qui le distingue du linguiste que l'on dit formel est qu'il cherche à corréler des formes linguistiques les unes avec les autres, d'une manière qui lui est propre, synonyme pour synonyme. Le trait caractéristique des composantes sémantiques de la linguistique, en particulier la lexicographie, se trouve être, non pas un appel aux significations, mais un intérêt pour la synonymie.

Ce qui arrive au cours de cette manœuvre, c'est que l'on se concentre sur un contexte important du mot déconcertant « signification » – à savoir le contexte « *semblable en* signification » – et que l'on décide de traiter ce contexte dans son entier en se laissant guider par un seul mot : « synonyme », de sorte qu'on n'est pas tenté de chercher des entités intermédiaires dans les significations. Mais, à supposer même qu'on puisse finir par trouver un critère satisfaisant pour la notion de synonymie, il n'en demeure pas moins qu'on ne fait attention dans cette manœuvre qu'à ce contexte du mot « signification » – le contexte « semblable en signification ». Le mot a-t-il par ailleurs d'autres contextes auxquels le linguiste devrait s'intéresser ? Oui, sans doute y en a-t-il de plus : le contexte « avoir une signification ». Dans ce cas, une manœuvre analogue est appropriée : on traite le contexte « avoir une signification » en se laissant guider par le seul mot « signifiant », et on continue à bouder ces êtres supposés que l'on appelle des significations.

La signifiance est l'aspect sous lequel l'objet du linguiste est étudié par le grammairien. Le grammairien catalogue des **49** formes courtes et élabore les lois de leur concaténation, et le produit final n'est ni plus ni moins qu'une spécification de la classe de toutes les formes linguistiques possibles, simples et composées, du langage étudié – la classe de toutes les suites signifiantes, si l'on s'appuie sur une norme de signifiance souple. Le lexicographe, de son côté, ne s'occupe pas de spécifier la classe des phrases signifiantes du langage donné, mais plutôt la classe des paires de suites mutuellement synonymes de ce langage, ou, le cas échéant, de deux langages. Le grammairien et le lexicographe se préoccupent au même degré de la signification, que le degré soit nul ou pas ; le grammairien cherche à savoir quelles formes sont signifiantes, ou *ont* une signification, alors que le lexicographe cherche à savoir quelles formes sont synonymes, ou *semblables* en signification. Si on insiste pour que nous ne concevions pas la notion de suite signifiante du grammairien comme reposant sur une notion plus primitive de signification, j'applaudis; et j'ajoute que la notion de synonymie du lexicographe mérite le même compliment. Le problème de la signification se réduit à présent à un couple de problèmes où il ne vaut mieux pas parler de signification; le premier est de rendre raison de la notion de suite signifiante, le second de rendre raison de la notion de synonymie. Je veux mettre l'accent sur le fait que le lexicographe n'a pas le monopole du problème de la signification. Le problème des suites signifiantes et celui de la synonymie sont tous les deux des rejetons du problème de la signification.

2

Supposons que notre grammairien travaille sur un langage que personne n'a encore jamais étudié, et que son propre contact avec ce langage se limite à son travail de terrain. En tant que grammairien, il s'occupe de découvrir les limites de la classe K des suites signifiantes du langage. Établir des corrélations de synonymie des membres de K avec des suites du français et les unes avec les autres n'est pas son affaire; ce sont les affaires du lexicographe.

Il n'y a apparemment pas de borne supérieure à la longueur des membres de K. De plus, les parties des suites signifiantes 50 ont une valeur signifiante, jusqu'à la moindre unité d'analyse adoptée; de si petites unités, quelles qu'elles soient, sont les membres les plus courts de K. En plus de la dimension de longueur, cependant, il faut considérer une dimension d'épaisseur. Car, étant données deux phrases d'une longueur égale arbitraire et d'une structure acoustique assez similaire, il faut savoir si nous les comptons comme des occurrences de deux membres légèrement différents de K ou comme deux occurrences légèrement différentes d'un seul et même membre de K. La question de l'épaisseur revient à savoir distinguer parmi les différences acoustiques celles qui sont pertinentes et celles qui sont simplement des idiosyncrasies de voix et d'accent sans conséquence.

On règle la question de l'épaisseur en cataloguant les *phonèmes* – les sons simples, distingués aussi grossièrement que possible pour les besoins du langage. On compte deux sons différant subtilement comme le même phonème à moins qu'on ne puisse, en mettant l'un à la place de l'autre dans un énoncé quelconque, changer la signification de l'énoncé[1]. Or, formulée de cette manière, la notion de phonème dépend évidemment et notoirement de la notion d'identité de signification, ou de synonymie. Notre grammairien, s'il veut rester un pur grammairien et éviter la lexicographie, doit mener à bien son projet de délimitation de K en se passant des services d'une notion de phonème définie de cette façon.

Il semble en effet y avoir, à première vue, une solution de facilité : le grammairien peut simplement dénombrer les phonèmes nécessaires au langage précis étudié, et se passer de la notion générale de phonème définie en terme de synonymie. On pourrait tout à fait admettre cet expédient comme une simple aide technique permettant de résoudre le problème du grammairien concernant la spécification des membres de K, si la question de la spécification des membres de K pouvait elle-même être *posée* sans faire préalablement appel à la notion générale de phonème. Mais la réalité est tout autre. La classe K, que c'est l'affaire empirique du grammairien de décrire, est une classe de suites de phonèmes, et chaque phonème est une classe d'événements brefs. (Gober cette dose de platonisme conviendra pour le moment, même si des manipulations logiques permettraient de la réduire). Le problème du grammairien se pose objectivement de cette façon : tout événement de parole qu'il rencontre dans son travail de terrain compte comme échantillon d'un membre de K. Mais la délimi- 51 tation des divers membres de K, c'est-à-dire le regroupement d'histoires acoustiques mutuellement ressemblantes dans des

1. Voir Bloch et Trager, p. 38-52, ou Bloomfield, p. 74-92.

paquets d'une épaisseur propre à les faire qualifier de formes linguistiques, doit avoir une signifiance objective si l'on veut rendre raison de la tâche du grammairien de terrain comme d'une tâche empirique et objective. On satisfait cette exigence si la notion générale de phonème est disponible, en tant que terme général relatif : « *x* est un phonème du langage *L* », avec les variables « *x* » et « *L* », ou « *x* est un phonème du locuteur *l* » avec les variables « *x* » et « *l* ». Dès lors, le travail du grammairien, à l'égard d'un langage *L*, peut être présenté comme le travail consistant à trouver les suites de phonèmes de *L* qui sont signifiantes dans *L*. La formulation de l'objectif du grammairien dépend ainsi, non seulement de « signifiant », comme nous nous y attendions, mais aussi de « phonème ».

Mais nous pourrions encore chercher à libérer la grammaire de sa dépendance à l'égard de la notion de synonymie, en libérant d'une manière ou d'une autre la notion de phonème elle-même de cette dépendance. On a conjecturé, notamment Bühler, que cela pourrait en principe être accompli. Faisons en sorte que le *continuum* de sons soit rangé, dans l'ordre acoustique ou physiologique, selon une ou plusieurs dimensions, disons deux, et construisons à partir de ce *continuum* la courbe de fréquence de l'occurrence, de telle sorte que nous obtenions une carte de relief en trois dimensions où l'altitude représente la fréquence de l'occurrence. Alors – telle est la suggestion – les bosses les plus importantes correspondent aux phonèmes. Les raisons abondent de suspecter que ni cette explication simplificatrice, ni quoi que ce soit lui ressemblant, puisse jamais fournir une définition adéquate du phonème ; et les spécialistes de phonologie n'ont pas manqué d'apporter ces raisons. Néanmoins, de façon à isoler d'autres points de comparaison entre la grammaire et la lexicographie, qu'on nous permette de faire l'assomption irréaliste que notre grammairien possède une telle définition non-sémantique du phonème. Il lui reste alors à concevoir une description récursive d'une classe K de formes qui comprendra toutes les suites de phonèmes et seulement ces suites, qui sont en fait signifiantes.

Le point de vue de base est que la classe K est objectivement déterminée avant que la recherche grammaticale ait commencé; c'est la classe des suites signifiantes, les suites capables d'apparaître au cours du flux normal de la parole **52** (nous supposons pour le moment que cette terminologie est elle-même signifiante). Mais le grammairien veut reproduire cette même classe en d'autres termes : des termes formels; il veut concevoir, uniquement dans des termes qui reprennent les conditions élaborées de la succession des phonèmes, une condition nécessaire et suffisante d'appartenance à K. C'est un scientifique empirique, et ses résultats seront bons ou mauvais selon qu'il reproduit cette classe K objectivement prédéterminée ou une autre.

La tentative de spécification récursive de K de notre grammairien suivra, on peut le supposer, la ligne orthodoxe consistant à faire une liste des « morphèmes » et à décrire des constructions. Les morphèmes sont, dans la littérature spécialisée [1], les formes signifiantes qu'on ne peut analyser dans des formes signifiantes plus courtes. Ils comprennent les affixes, les radicaux des mots, et des mots entiers pour autant qu'ils ne sont pas analysables en morphèmes subsidiaires. Mais nous pouvons éviter à notre grammairien tout problème général de définition de morphème en lui permettant simplement de faire la liste exhaustive de ses dits morphèmes. Ils deviennent simplement une segmentation pratique de suites de phonème entendu, débités en blocs de construction à sa convenance. Il assemble ses constructions de la plus simple des façons qui lui permettent d'engendrer tous les membres de K à partir de ses morphèmes, et il découpe ses morphèmes pour qu'ils entrent dans les constructions les plus simples. On peut ainsi voir les morphèmes, tout comme les éléments d'un degré plus élevé qu'on pourrait appeler mots ou formes libres, comme les

---

1. Voir Bloch et Trager, p. 54; Bloomfield, p. 161-168.

simples étapes intermédiaires d'un processus qui, au total, est toujours descriptible comme une reproduction de *K* dans des termes qui reprennent les conditions de succession des phonèmes.

Il ne s'agit pas de nier que la reproduction de *K* opérée par le grammairien, telle que je l'ai schématisée, soit purement formelle, c'est-à-dire libérée de la sémantique. Mais la formulation du problème du grammairien est une tout autre affaire car elle mobilise une notion préalable de suite signifiante, ou d'énoncé normal possible. Sans cette notion, ou quelque chose qui soit peu ou prou du même genre, nous ne pouvons pas dire ce que le grammairien essaie de faire – ce qu'il essaie d'égaler dans sa reproduction formelle de *K* – ni ce en quoi la correction ou la fausseté de ses résultats pourraient consister. Nous sommes ainsi directement confrontés à l'une des deux faces du problème de la signification, à savoir, le problème de la définition de la notion générale de suite signifiante.

3

Il n'est pas satisfaisant de dire qu'une suite signifiante est simplement n'importe quelle suite de phonèmes énoncée par l'un des *Naturkinder* de la vallée élue par notre grammairien. Les suites signifiantes que nous cherchons n'incluent pas seulement celles qui sont énoncées mais aussi celles qui *pourraient* être énoncées sans réaction suggérant une bizarrerie idiomatique. Le joker est ici « pourraient être »; nous ne pouvons lui substituer « seront ». Les suites signifiantes, n'étant sujettes à aucune limite de longueur, sont d'une infinie variété; tandis que, depuis l'aube du langage en question jusqu'au moment où il aura évolué au point où notre grammairien le désavouera, ce n'est qu'un échantillon fini de cette infinie variété qui aura été énoncé.

La classe *K* souhaitée des suites signifiantes est le point culminant d'une série de quatre classes de magnitude croissante, H, I, J, et K, définies comme suit. H est la classe des suites observées, excluant toutes celles qui sont déclarées inappropriées en ce sens qu'elles sont non-linguistiques ou appartiennent à des dialectes étrangers. I est la classe de toutes ces suites observées et de toutes celles qui seront jamais observées par un spécialiste, excluant encore celles qui sont déclarées inappropriées. J est la classe de toutes les suites jamais apparues, que ce soit maintenant, dans le passé ou dans le futur, observées ou non par un spécialiste– excluant, encore, seulement celles qui sont déclarées inappropriées. K, finalement, est la classe infinie de toutes ces suites – à l'exclusion, comme d'habitude, de celles qui sont inappropriées – qui *pourraient* être énoncées sans réaction bizarre. K est la classe dont le grammairien veut se rapprocher dans sa reconstruction formelle, et K est plus inclusive encore que J, sans parler de H et de I. Or la classe H est établie ; la classe I est, ou pourrait être, en train d'être établie ; la classe J dépasse toute tentative d'établissement, mais a encore une certaine réalité acceptable par le sens commun ; mais, à cause du « pourraient », même cela ne peut pas véritablement être dit en toute confiance de K.

Il est inévitable, selon moi, que nous ne puissions pas éliminer le « pourraient ». Il a une valeur opérationnelle, en effet, mais seulement de façon partielle. Il exige de notre grammairien qu'il reporte dans sa reconstruction formelle de K tous les cas réellement observés, à savoir tous les cas de H. De plus, il l'engage à la prédiction que tous les cas observés dans le futur s'y conformeront, c'est-à-dire que tous les cas de I appartiennent à K. Plus encore, il l'engage à l'hypothèse scientifique que tous les cas inobservés, c'est-à-dire tous les cas de J, tombent dans cette classe K. Maintenant, quelle réalité supplémentaire le « pourraient » recouvre-t-il ? Quel est le raisonnement qui se trouve derrière ces membres qui s'ajoutent à l'infini à K, et qui dépassent et surpassent la partie finie J ? Cette énorme force supplémentaire du « pourraient »,

54

dans le présent cas et ailleurs, est peut-être un vestige du mythe indo-européen, fossilisé dans le mode subjonctif.

Ce que notre grammairien fait est suffisamment évident. Il met en œuvre sa reconstruction formelle de K selon les lignes grammaticales les plus simples possible, d'une manière compatible avec l'inclusion de H, la plausibilité de l'inclusion prédite de I, la plausibilité de l'inclusion hypothétique de J, et, encore, la plausibilité de l'exclusion de toutes les suites qui risquent effectivement de provoquer des réactions bizarres. Je suggérerais que la base sur laquelle nous disons ce qui « pourrait » être consiste généralement en ce qui *est*, plus la *simplicité* des lois par lesquelles nous décrivons et extrapolons ce qui est. Je ne vois pas d'autre façon objective de construire la *conditio irrealis*.

À propos de la notion de suite signifiante, l'un des deux vestiges de la notion de signification, nous avons déjà remarqué ce qui suit. Elle est nécessaire pour formuler la tâche du grammairien. Mais elle est descriptible, sans faire appel à la signification en tant que telle, comme dénotant toute suite qui pourrait être émise dans la société considérée sans réaction suggérant une bizarrerie idiomatique. Cette notion de réaction suggérant une bizarrerie idiomatique demanderait en fait à être affinée. Un considérable problème de précision est aussi présent aussi dans la mise de côté préalable de ce qu'on appelle les bruits non-linguistiques, aussi bien que des émissions vocales de dialectes étrangers. Il y a aussi le problème méthodologique général, de type assez philosophique, qui est soulevé par le mot « pourrait ». C'est un problème commun à l'élaboration conceptuelle concernant de nombreux sujets (la logique et les mathématiques exceptées, où il se trouve qu'il a été bien éclairé) ; j'ai esquissé une attitude qu'on peut prendre à son égard.

Nous devrions aussi nous souvenir du traitement excessivement simplificateur que j'ai fait subir aux morphèmes, lorsque je les ai simplement traités comme de commodes suites de phonèmes que notre grammairien spécifie par énumération au cours de sa reconstruction formelle de la classe des suites signifiantes à partir des phonèmes. C'est irréaliste car cela requiert de notre grammairien qu'il épuise le vocabulaire, au lieu de lui permettre de laisser ouvertes certaines catégories, comparables à nos noms et à nos verbes, sujettes à un enrichissement *ad libitum*. Or, si d'un autre côté nous lui permettons d'avoir quelques catégories de morphèmes ouvertes, sa reconstruction de la classe K des suites signifiantes cesse d'être une construction formelle à partir des phonèmes; ce qui plaide en sa faveur est que c'est une reconstruction formelle à partir des phonèmes et de ses catégories ouvertes de morphèmes. Alors le problème demeure de savoir comment il va caractériser ses catégories ouvertes de morphèmes – puisque l'énumération ne sert plus. Il faut surveiller cet écart, à cause de l'intrusion possible d'un élément sémantique inanalysé.

Je ne veux pas prendre congé de la question des suites signifiantes sans mentionner un curieux problème supplémentaire que cette notion soulève. Je parlerai maintenant du français plutôt que d'une hypothétique langue sauvage. Une suite de sons dénuée de sens et tout à fait étrangère au français peut se trouver dans une phrase française parfaitement intelligible, et même dans une phrase vraie, si en fait nous citons ce non-sens et disons dans le reste de la phrase que la citation *est* dépourvue de sens, ou n'est pas du français, ou est constituée de quatre syllabes, ou rime avec « Kalamazoo », etc. S'il faut dire que la phrase globale est, dans l'ensemble, du français normal, alors le charabia qu'on y trouve a une occurrence au sein du français normal et nous n'avons alors plus les moyens d'exclure une suite prononçable de la catégorie des suites signifiantes. Dès lors nous devons soit restreindre notre concept de normalité de manière à exclure, pour les présents objectifs, les phrases qui utilisent la citation, soit restreindre notre concept d'occurrence de manière à exclure l'occurrence

au sein d'une citation. Dans chaque cas, reste le problème
d'identifier l'équivalent parlé des guillemets et de le faire en
56 termes suffisamment généraux pour que notre concept de suite
signifiante ne soit pas limité par avance à quelque langage
préconçu tel que le français.

En tout cas, nous avons vu que la question des suites
signifiantes est susceptible d'une fragmentation considérable ;
et ce n'est qu'un des deux aspects auxquels la question de la
signification semble se réduire, à savoir l'aspect de la possession de signification. Le fait que cet aspect du problème de
la signification prenne cette forme à peu près tolérable
explique de toute évidence la tendance à considérer la grammaire comme une partie formelle, non-sémantique, de la linguistique. Considérons maintenant l'autre aspect, plus mena-
çant, du problème de la signification, celui de l'identité de
signification, ou de la synonymie.

4

Un lexicographe peut s'occuper de la synonymie entre les
formes d'un langage et les formes d'un autre, ou, comme
lorsqu'il compose un dictionnaire local, il peut s'intéresser à la
synonymie entre les formes à l'intérieur d'un même langage.
La question de savoir si l'on peut subsumer de façon satisfaisante les deux cas sous une seule formulation générale du
concept de synonymie est une question ouverte, car la question
de savoir si le concept de synonymie peut être clarifié de façon
satisfaisante pour chaque cas reste ouverte. Commençons en
limitant notre attention sur la synonymie interne à un langage.

Ce qu'on appelle critère de substitution, c'est-à-dire les
conditions de substituabilité, ont sous une forme ou une autre
joué des rôles centraux dans la grammaire moderne. Pour le
problème de la synonymie en sémantique, une telle approche
peut sembler encore plus évidente. Néanmoins, la notion de
substituabilité de deux formes linguistiques n'a de sens que

pour autant que les deux questions suivantes reçoivent des réponses : (a) Dans quels types précis de contextes les deux formes sont-elles substituables si ce n'est pas dans tous les contextes? (b) *Salvo quo* les formes doivent-elles être substituables? Remplacer une forme par une autre dans n'importe quel contexte change quelque chose, à savoir : au moins la forme; et (b) demande quelle caractéristique la substitution laisse inchangée. Des réponses alternatives à (a) et à (b) donnent des notions alternatives de substituabilité, certaines appropriées à une définition de la correspondance grammaticale et d'autres, peut-on supposer, à une définition de la synonymie.

Dans le troisième paragraphe du deuxième essai, nous 57 avons essayé de répondre à (b), en visant la synonymie, avec *veritate*. Nous nous sommes aperçu qu'il restait encore à répondre à (a), notamment au regard de la difficulté présentée par la citation. Aussi nous avons répondu à (a) en faisant appel sans conviction à une conception préalable de « mot ». Puis nous avons découvert que la substituabilité *salva veritate* était une condition trop faible pour la synonymie dès lors que le langage est dans son ensemble « extensionnel », et que dans d'autres langages une telle condition n'apportait rien, engendrant une sorte de cercle vicieux.

Il n'est pas évident que le problème de la synonymie discuté ici soit le même que celui du lexicographe. Car dans cet essai nous nous intéressions à la synonymie « cognitive », qui fait abstraction de beaucoup de choses que le lexicographe voudrait conserver dans ses traductions et ses paraphrases. Même le lexicographe est en effet prêt à égaler, en tant que synonymes, beaucoup de formes qui diffèrent sensiblement pour ce qui est des associations de l'imagination et de la valeur poétique[1]; mais, du point de vue du lexicographe, le meilleur sens de la synonymie est sans doute plus restreint que la synonymie dans le supposé sens cognitif. Quoi qu'il en soit, les

---

1. Voir plus haut, p. 59.

résultats négatifs résumés dans les paragraphes précédents changent la donne; le lexicographe ne peut pas répondre à (b) avec *veritate*. La substituabilité qu'il recherche dans la synonymie ne doit pas seulement être telle qu'elle assure que les affirmations vraies restent vraies, et les fausses fausses, quand on substitue des synonymes en leur sein; elle doit aussi assurer que les affirmations deviennent des affirmations avec lesquelles elles étaient, en tant que touts, synonymes d'une manière ou d'une autre.

Cette dernière observation ne prétend pas être une définition, à cause de sa circularité : les formes sont synonymes quand leur substitution n'attente pas à la synonymie de leurs contextes. Mais elle a le mérite de suggérer que la substitution n'est pas le point principal et que ce dont nous avons besoin en premier lieu est une notion de synonymie pour les grands segments de discours. Cette suggestion est opportune; car, indépendamment des considérations précédentes, trois raisons peuvent être apportées pour aborder le problème de la synonymie du point de vue des grands segments de discours.

Premièrement, tout critère de substituabilité pour la synonymie des formes courtes sera évidemment limité à la synonymie interne à un langage; sinon la substitution produirait un méli-mélo polyglotte. La synonymie *inter*linguistique doit essentiellement être une relation entre des segments de discours qui sont suffisamment longs pour permettre des considérations qui fassent abstraction des contextes particuliers à un langage ou un autre dont ils sont issus. Je dis «essentiellement» parce que la synonymie interlinguistique pourrait ensuite être définie pour les formes composantes de manière dérivée.

Deuxièmement, une retraite vers des segments plus longs tend à triompher de la difficulté de l'ambiguïté ou de l'homonymie. On rencontre le problème de l'homonymie avec la loi selon laquelle si a est un synonyme de b et b un synonyme de c, alors a est un synonyme de c. Car, si b a deux significations (pour en revenir au langage courant sur la signification), *a* peut être un synonyme de *b* selon un sens de *b*, et *b* de *c* selon un autre sens de *b*. On résout parfois cette difficulté en traitant la forme ambiguë comme s'il s'agissait de deux formes, mais cet expédient a l'inconvénient de rendre le concept de forme dépendant de celui de synonymie.

Troisièmement, il y a cette circonstance qu'en glosant sur un mot, nous devons très fréquemment nous contenter d'un synonyme boiteux et partiel et d'indications scéniques. Ainsi, en glosant sur «pourri», nous disons «corrompu» et nous ajoutons «se dit d'un œuf». Cette circonstance répandue reflète le fait que la synonymie pour les petites unités n'est pas l'intérêt premier du lexicographe; des synonymes boiteux accompagnés d'indications scéniques sont bien satisfaisants dès lors qu'ils accélèrent son travail primordial consistant à expliquer comment traduire ou paraphraser de longs discours. Il est possible de continuer à caractériser le domaine complet du lexicographe comme étant la synonymie, mais seulement en reconnaissant que la synonymie est essentiellement une relation entre des segments de discours suffisamment longs.

On peut donc considérer que le lexicographe ne se préoccupe en fin de compte que de faire le catalogue des paires synonymes qui sont des suites d'une longueur suffisante pour être susceptibles de synonymie dans un de leurs sens principaux. Il ne peut naturellement pas faire directement le catalogue des paires véritablement synonymes de façon exhaustive, parce qu'elles sont absolument illimitées en nombre et en variété. Il se trouve dans une situation parallèle au grammairien qui, pour les mêmes raisons, ne pouvait pas faire directement le catalogue des suites signifiantes. Le grammairien parvenait à ses fins de manière indirecte, en se **59** concentrant sur une classe d'éléments atomiques susceptibles d'énumération puis en proposant des règles de composition pour obtenir à partir d'eux toutes les suites signifiantes. De la même manière, le lexicographe parvient à ses fins – spécifier les véritables paires, en nombre infini, de synonymes longs – de manière indirecte ; et il y parvient en choisissant une classe de formes courtes pouvant être dénombrées, puis en expliquant aussi systématiquement qu'il le peut comment construire de véritables synonymes de toutes les formes suffisamment longues composées de ces formes plus courtes. Ces formes courtes sont en effet les entrées de son glossaire, et les explications sur la façon dont on construit de véritables synonymes de tous les composés suffisamment longs sont les gloses de son glossaire : typiquement, un mélange de quasi synonymes et d'indications scéniques.

Ainsi, l'activité réelle du lexicographe – son commentaire des formes courtes à l'aide de quasi synonymes et d'indications scéniques – ne s'oppose pas à son intérêt exclusif pour la synonymie véritable des formes assez longues pour être susceptibles d'une véritable synonymie. Son activité est bien le seul moyen de cataloguer cette classe illimitée.

Je viens d'exploiter un parallèle entre la reconstruction indirecte par le grammairien de la classe illimitée des suites signifiantes, et la reconstruction indirecte par le lexicographe de la classe illimitée des paires de synonymes véritables. Ce parallèle peut être exploité plus avant. Il met en évidence le fait que la reconstruction de la classe des paires de synonymes opérée par le lexicographe est tout aussi formelle dans l'esprit que la reconstruction de la classe des suites signifiantes opérée par le grammairien. L'usage injuste du mot « formel », qui avantage la grammaire face à la lexicographie, est donc trompeur. Le lexicographe et le grammairien se contenteraient de faire la liste des membres des classes respectives qui les intéressent, si les nombres impliqués n'étaient pas immenses, voire même infinis. D'un autre côté, de la même façon que, en plus de ses constructions formelles, le grammairien a besoin d'une notion préalable de suite signifiante pour la formulation du problème, le lexicographe a besoin d'une notion préalable de synonymie pour formuler le sien. Quand ils formulent leurs

problèmes, le grammairien et le lexicographe s'appuient sur 60
un fonds hérité de la vieille notion de signification.

Il suit clairement des réflexions précédentes que la notion
de synonymie dont le lexicographe a besoin pour formuler son
problème n'est que la synonymie de suites qui sont suffisamment longues pour que leurs connexions synonymiques soient
délimitées bien nettement. Mais, pour finir, je voudrais souligner à quel point ce problème résiduel de la synonymie est
déconcertant, même lorsqu'il s'agit d'une synonymie bien
délimitée et bien élevée.

5

On suppose vaguement que la synonymie de deux formes
consiste dans une ressemblance approximative des situations
qui évoquent les deux formes, et dans une ressemblance
approximative de l'effet produit par chacune sur l'auditeur.
Pour des raisons de simplicité, oublions cette deuxième
exigence et concentrons-nous sur la première – la ressemblance des situations. Ce que j'ai à dire à partir de maintenant
sera, au mieux, tellement vague que cette inexactitude
supplémentaire sera sans beaucoup d'importance.

Comme tout un chacun est prompt à le souligner, il
n'existe pas deux situations qui soient tout à fait identiques;
même les situations dans lesquelles la même forme est émise
sont différentes d'une myriade de façons. Ce qui importe
plutôt, c'est la ressemblance sous certains *rapports pertinents*.
Or le problème de trouver les rapports pertinents est, si nous y
pensons d'une façon particulièrement simplifiée, un problème
typique de science empirique. Nous observons un locuteur
de Kalaba, disons – pour adopter le mythe de Pike –, et nous
cherchons des corrélations ou des prétendues connexions causales entre les sons qu'il émet et les autres choses observables
qui se passent. Comme dans toute recherche empirique de

corrélations ou de prétendues connexions causales, nous conjecturons la pertinence de l'une ou l'autre caractéristique et puis essayons par des observations supplémentaires, ou même par des expérimentations, de confirmer ou de réfuter notre hypothèse. En fait, en lexicographie, la conjecture des pertinences possibles est facilitée par notre familiarité naturelle avec les centres d'intérêt primordiaux de l'être humain. Et finalement, après avoir trouvé des raisons valables de corréler une suite sonore donnée de Kalaba avec une combinaison donnée de circonstances, nous conjecturons que cette suite sonore est synonyme d'une autre suite sonore, française par exemple, qui est corrélée aux mêmes circonstances.

61   Comme je l'ai fait remarquer sans vraie nécessité, ce compte rendu est simpliste. Je veux maintenant souligner un aspect très important sur lequel il est simpliste : les traits pertinents de la situation donnant lieu à une expression donnée en Kalaba sont, pour une bonne partie, dissimulés dans la personne du locuteur, où ils ont été implantés par son premier environnement. Cette occultation a du bon, pour nos objectifs, et du mauvais. Elle a du bon pour autant qu'elle isole l'entraînement linguistique restreint du sujet. Si nous pouvions présumer que notre locuteur de Kalaba et notre locuteur français, lorsqu'ils sont observés dans des situations externes similaires, diffèrent seulement quant à la façon dont ils disent les choses et non pas quant à ce qu'ils disent, pour ainsi dire, alors la méthodologie des déterminations de synonymes serait assez limpide; la partie linguistique restreinte du complexe causal, différente chez chaque locuteur, serait commodément perdue de vue, alors que toutes les parties du complexe causal qui déterminent la synonymie ou l'hétéronymie seraient offertes à l'observation. Mais, bien sûr, le problème, c'est que chaque locuteur n'importe pas seulement de son passé inconnu les habitudes linguistiques restreintes de vocabulaire et de syntaxe.

Ici, la difficulté n'est pas simplement que ces composants subjectifs de la situation sont difficiles à découvrir. Cette difficulté, s'il n'y avait qu'elle, contribuerait à l'incertitude pratique et aux erreurs fréquentes des déclarations lexicographiques, mais serait sans pertinence aucune pour la question de la définition théorique de la synonymie – sans pertinence aucune pour le problème consistant à formuler de manière cohérente l'objectif du lexicographe. La plus grande difficulté théorique réside dans le fait que, comme Cassirer et Whorf l'ont souligné, il n'existe en principe aucune manière de séparer le langage du reste du monde, du moins tel que le conçoivent les locuteurs. Les différences fondamentales de langage sont sans doute liées à la façon dont les locuteurs articulent le monde lui-même en choses et propriétés, temps et espace, éléments, forces, esprits et ainsi de suite. Il n'est pas évident, même en principe, qu'il y ait un sens à penser que les mots et la syntaxe varieraient d'un langage à l'autre alors même que le contenu demeurerait fixe ; c'est pourtant bien cette fiction qui est impliquée lorsqu'on parle de synonymie, du moins lorsqu'on parle de la synonymie de deux expressions appartenant chacune à des langages radicalement différents.

Ce qui fournit au lexicographe un premier point d'entrée, c'est qu'il y a plusieurs traits fondamentaux dans la façon **62** qu'ont les hommes de conceptualiser leur environnement, de décomposer le monde en choses, qui sont communs à toutes les cultures. Tout homme est susceptible de voir une pomme, un arbre à pain, ou un lapin en premier lieu comme un tout unitaire plutôt que comme une collection désordonnée d'éléments plus petits ou comme un fragment d'un plus large environnement, même si toutes ces attitudes sont envisageables d'un point de vue sophistiqué. Tout homme tendra à isoler une masse de matière mouvante comme une unité, distincte de l'arrière-plan statique, et à lui porter une attention particulière. Il y a aussi des phénomènes climatiques flagrants dont on peut attendre de tout homme qu'il les appréhende en leur donnant à peu près les mêmes limites conceptuelles qu'un autre ; et il en va peut-être de manière similaire pour quelques états internes primitifs tels que la faim. Aussi longtemps que nous adhérons à ce présumé fonds commun de conceptualisation, nous pouvons maintenir avec succès notre hypothèse de travail que le locuteur de Kalaba et le locuteur français, observés dans des situations externes similaires, diffèrent seulement dans leur façon de dire et non dans ce qu'ils disent.

La nature de ce point d'accès à un lexique inconnu encourage une conception erronée de la signification comme référence, puisque, à ce niveau, les mots sont typiquement interprétés en montrant du doigt l'objet auquel on fait référence. Aussi n'est-il peut-être pas inutile de rappeler, même ici, que la signification n'est pas la référence. La référence pourrait être l'étoile du soir, pour en revenir à l'exemple frégéen, et donc aussi l'étoile du matin, qui est la même chose ; mais, pour autant, « étoile du soir » pourrait être une bonne traduction et « étoile du matin » une mauvaise.

J'ai suggéré que les premières activités de notre grammairien, lorsqu'il relève un peu de vocabulaire initial de Kalaba, consistent au fond à exploiter le recoupement de nos cultures. À partir de ce noyau, il progresse, de façon toujours plus faillible et conjecturale, par une série de suppositions et d'intuitions. Il commence ainsi avec un fonds de corrélations de phrases en Kalaba avec des phrases françaises au niveau où nos cultures se rencontrent. Beaucoup de ces phrases identifient de manière flagrante des objets. Puis il décompose ces phrases en Kalaba en composants courts et propose des traductions de ces éléments en français, compatibles avec ses traductions initiales de phrases. Sur cette base, il construit des hypothèses quant aux traductions françaises de nouvelles combinaisons de ces éléments – combinaisons qui, en tant que totalités, n'ont pas été traduites directement. Il teste ses hypothèses du mieux qu'il peut en relevant des observations supplémentaires et en restant attentif aux conflits. Mais, à mesure que les phrases donnant lieu à des traductions s'éloignent du simple compte rendu d'observations communes, l'évidence de tout conflit possible diminue; le lexicographe devient de plus en plus dépendant de sa propre projection, lui et sa *Weltanschauung* indo-européenne, dans les sandales de son informateur du Kalaba. Il en vient aussi à se tourner de façon croissante vers l'ultime refuge de tous les scientifiques, l'appel à la simplicité interne de son système en croissance.

Le lexique final est évidemment un cas de *ex pede Herculem*. Mais il y a une différence. En projetant Hercule à partir de son pied, nous risquons l'erreur, mais nous pouvons tirer un certain réconfort de l'idée qu'il y a bien quelque chose à propos de quoi nous pouvons nous tromper. Dans le cas du lexique, faute d'une définition de la synonymie, nous n'avons aucune formulation du problème; il n'y a rien sur quoi le lexicographe puisse avoir raison ou tort.

Il est très possible que la notion de synonymie qui, au final, se révèle fructueuse soit une notion de degrés de synonymie : non pas la relation dyadique de *a* qui est synonyme de *b*, mais la relation à quatre termes de *a* qui est plus synonyme de *b* que *c* ne l'est de *d*. Mais faire de cette notion une affaire de degrés n'est pas l'expliquer; nous voudrions encore un critère, ou au moins une définition, de notre relation à quatre termes. La grosse difficulté à surmonter en concevant une définition, que ce soit d'une relation dyadique de synonymie absolue ou d'une relation à quatre termes de synonymie comparative, c'est de savoir ce que nous essayons exactement de faire lorsque nous traduisons une affirmation en Kalaba qui n'est pas un simple compte rendu des traits assez directement observables de la situation environnante.

L'autre branche du problème de la signification, à savoir la définition de la suite signifiante, nous conduit à un conditionnel irréel : une suite signifiante est une suite qui *pourrait* être émise sans tel type de réactions défavorables. J'ai fait **64** valoir que le contenu opérationnel de ce « pourrait » est incomplet, qu'il reste une marge pour qu'une théorie grammaticale guidée par des considérations de simplicité puisse librement apporter des déterminations supplémentaires. Mais nous avons tous appris à acquiescer à des conditionnels irréels. Dans le cas de la synonymie, la tyrannie du système en développement – la ténuité des contrôles objectifs explicites – est plus flagrante.

IV

IDENTITÉ, OSTENSION ET HYPOSTASE

1

L'identité est une source bien connue de perplexité **65** philosophique. Étant donnés les changements que j'endure, comment peut-on dire que je continue à être moi-même ? Étant donné que ma substance matérielle est entièrement remplacée en quelques années seulement, comment peut-on dire que je continue à être moi pour plus longtemps qu'au mieux cette durée ?

Être amené à croire, par ces réflexions ou d'autres encore, en une âme immuable et donc immortelle, qui véhicule ma propre identité persistante, serait commode. Mais nous devrions être moins tentés d'adopter une solution similaire au problème parallèle du fleuve posé par Héraclite : « Tu ne peux pas te baigner deux fois dans le même fleuve, car c'est toujours dans de nouvelles eaux que tu t'immerges ».

La solution au problème d'Héraclite, même si elle est connue, fournira un traitement adéquat à des questions moins connues. En vérité, tu *peux* te baigner deux fois dans le même *fleuve*, mais tu ne peux pas te baigner deux fois dans la même phase fluviale [*river stage*]. Tu peux te baigner dans deux phases fluviales qui sont des phases du même fleuve, et c'est ce en quoi consiste le fait de se baigner deux fois dans le même

fleuve. Un fleuve est un processus temporel, et les phases fluviales en sont ses parties momentanées. Seule l'identification
du fleuve dans lequel on s'est baigné une fois avec le fleuve
dans lequel on se baigne à nouveau détermine notre objet
comme un processus fluvial par opposition à une phase
fluviale.

Convenons de parler de toute multiplicité de molécules
d'eau comme de l'*eau*. Une phase fluviale est en même temps
une phase aqueuse [*water stage*], mais deux phases du même
66 fleuve ne sont pas en général des phases de la même eau. Les
phases fluviales sont des phases aqueuses, mais fleuves et eaux
diffèrent. Il se peut que tu te baignes deux fois dans le même
fleuve sans te baigner deux fois dans la même eau, et il se peut,
à notre époque de transports rapides, que tu te baignes deux
fois dans la même eau tout en te baignant dans deux fleuves
distincts.

Imaginons. Nous commençons avec des choses momentanées et leurs interrelations. L'une de ces choses momentanées, appelée *a*, est une phase momentanée du fleuve
Caÿster, en Lydie, dans les années 400 avant J. C. Une autre,
appelée *b*, est une phase momentanée du fleuve Caÿster deux
jours plus tard. Une troisième, *c*, est une phase momentanée, à
la date juste indiquée, de la même multiplicité de molécules
d'eau que celle qui se trouvait dans ce fleuve à l'époque de *a*.
La moitié de *c* est dans la basse vallée du fleuve Caÿster, et
l'autre moitié se trouve en différents points de la mer Égée. De
la sorte, *a*, *b* et *c* sont trois objets, reliés diversement. Nous
pouvons dire que *a* et *b* se tiennent dans une relation de parenté
fluviale [*river kinship*] tandis que *a* et *c* se tiennent dans une
relation de parenté aqueuse [*water kinship*].

Or l'introduction de fleuves en tant qu'entités singulières,
c'est-à-dire en tant que processus ou objets qui consomment du
temps, consiste en substance à lire de l'identité en lieu et place
de la parenté fluviale. Il serait en effet faux de dire que les
phases *a* et *b* sont identiques; elles sont simplement apparentées fluvialement [*river-kindred*]. Mais si nous devions

montrer du doigt *a*, attendre ensuite les deux jours requis, montrer du doigt *b*, et affirmer l'identité des objets ainsi montrés, nous devrions alors prouver que ces gestes ne visaient pas deux phases apparentées fluvialement mais un seul fleuve qui inclut ces deux phases. Ici, l'attribution d'identité est essentielle, car elle fixe la référence de l'ostension.

Ces réflexions rappellent la manière dont Hume traite notre idée des objets externes. D'après la théorie de Hume, l'idée d'objets externes vient d'une erreur d'identification. Diverses impressions semblables séparées dans le temps sont traitées de façon erronée comme identiques ; puis, afin de résoudre la contradiction qu'il y a à identifier des événements momentanés séparés dans le temps, nous inventons un nouvel objet non momentané qui sert de support à notre affirmation d'identité. L'accusation humienne d'identification erronée nous intéresse en tant que conjecture psychologique génétique, mais nous ne sommes pas obligés de l'accepter. Ce qu'il est important de remarquer ici, c'est simplement la connexion directe entre l'identité et la postulation de processus ou d'objets étendus temporellement. Attribuer une identité plutôt qu'une parenté fluviale, c'est parler du fleuve Caÿster plutôt que de *a* et *b*.

Montrer du doigt est ambigu quant à l'extension temporelle de l'objet indiqué. Même si l'on convient que l'objet indiqué doit être un processus d'une extension temporelle considérable, et par conséquent être une somme d'objets momentanés, le geste ne nous dit pas *quelle* est la somme visée, au-delà du fait que l'objet momentané que l'on a sous la main doit se trouver dans la somme désirée. Si l'on comprend le geste vers *a* comme faisant référence à un processus temporellement étendu et non pas simplement à l'objet momentané *a*, alors on peut l'interpréter ou bien comme faisant référence au fleuve Caÿster dont *a* et *b* sont des phases, ou bien comme faisant référence à l'eau dont *a* et *c* sont des phases, ou bien encore comme faisant référence à n'importe laquelle des innombrables sommes moins naturelles, auxquelles *a* appartient également.

On résout généralement une telle ambiguïté en accompagnant le geste par des mots comme « ce fleuve ». On convoque ainsi le concept préalable de fleuve comme un type particulier de processus temporel, comme une forme particulière de somme d'objets momentanés. Montrer du doigt *a* et dire « Ce fleuve » – ou ὅδε ὅ ποταμός, puisque nous sommes en 400 avant J. C. – ne laisse aucune ambiguïté quant à l'objet auquel il est fait référence si le mot « fleuve » est déjà compréhensible. « Ce fleuve » signifie « la somme fluvieuse [*riverish summation*] d'objets momentanés qui contient cet objet momentané ».

Mais nous sommes allés ici au-delà de la pure ostension et avons supposé de la conceptualisation. Supposons à présent que le terme général « fleuve » ne soit pas encore compris, de sorte que nous ne pouvons spécifier le Caÿster d'un geste de la main, en disant « Ce fleuve est le Caÿster ». Supposons également que nous soyons dépourvus d'autres outils descriptifs. Ce que nous pouvons faire alors, c'est montrer du doigt *a*, puis, après les deux jours, *b* et dire à chaque fois « C'est le Caÿster ». Il faut que le mot « ce » ainsi employé n'ait fait référence ni à *a* ni à *b*, mais au-delà à quelque chose de plus inclusif, identique dans les deux cas. Notre spécification du Caÿster, toutefois, n'est toujours pas unique, car il se peut toujours que nous voulions parler de l'une ou l'autre des diverses collections possibles d'objets momentanés, mis en relation selon d'autres modes que la parenté fluviale ; tout ce que nous savons, c'est que *a* et *b* en sont des constituants. Cependant, en montrant de plus en plus de phases qui s'additionnent à *a* et *b*, nous éliminons davantage d'alternatives, jusqu'au point où notre interlocuteur, guidé par sa propension à favoriser les regroupements les plus naturels, saisit l'idée du Caÿster. Il apprend cette idée par induction : à partir de notre regroupement d'objets momentanés échantillonnés *a*, *b*, *d*, *g*, etc. sous le titre de Caÿster, il projette une hypothèse générale correcte sur les objets momentanés à venir que nous serions susceptibles d'inclure également.

En fait, dans le cas du Caÿster, se pose la question de son étendue dans l'espace aussi bien que dans le temps. Notre échantillon de gestes doit non seulement comprendre des dates différentes, mais également des points différents du courant, si nous voulons que notre interlocuteur dispose d'une base représentative pour induire une généralisation sur l'extension spatio-temporelle de l'objet quadri-dimensionnel Caÿster.

Dans l'ostension, l'extension spatiale ne peut être totalement séparée de l'extension temporelle, car les ostensions successives qui forment des échantillons spatiaux ne peuvent que prendre du temps. On pressent, même si ce n'est que superficiellement, l'inséparabilité de l'espace et du temps caractéristique de la théorie de la relativité dans cette situation simple d'ostension.

On voit donc que le concept d'identité accomplit une fonction centrale dans la spécification par ostension des objets spatio-temporellement larges. Sans l'identité, n actes d'ostension spécifient simplement jusqu'à n objets, tous d'une extension spatio-temporelle indéterminée. Mais si nous affirmons l'identité de l'objet d'une ostension à une autre, nous permettons à nos n ostensions de faire référence au même grand objet, et nous fournissons ainsi à notre interlocuteur un fondement inductif, à partir duquel il peut deviner la portée voulue de l'objet. L'ostension pure plus l'identification apportent, avec l'aide d'un peu d'induction, l'extension spatio-temporelle.

2

Il y a, entre ce que nous avons observé jusqu'à présent et l'explication ostensive de termes *généraux* comme « rouge » ou « fleuve », une similitude évidente. Quand je montre du doigt une direction où du rouge est visible, que je dis « C'est rouge », et que je répète cette action à différents moments, je fournis une base inductive pour évaluer quelle extension j'entends donner à l'attribut de rougeur. La seule différence semble être que l'extension en question ici, la généralité, est conceptuelle, plutôt que spatio-temporelle.

Mais est-ce une véritable différence ? Il nous faut ici modifier notre point de vue de manière à concevoir les mots « rouge » et « Caÿster » comme pleinement analogues. Montrer du doigt et dire « C'est le Caÿster » en des lieux et des temps différents permet progressivement à notre interlocuteur de mieux comprendre quelles portions de l'espace-temps nous cherchons à couvrir avec le mot « Caÿster » ; montrer du doigt et dire « C'est rouge » en des lieux et des temps différents permet progressivement à notre interlocuteur de mieux comprendre quelles portions de l'espace-temps nous cherchons à couvrir avec le mot « rouge ». Il est vrai que les régions auxquelles le mot « rouge » s'applique ne sont pas continues comme le sont celles auxquelles le mot « Caÿster » s'applique, mais ce détail n'a pas d'importance ; assurément, on ne doit pas opposer « rouge » à « Caÿster », comme on oppose le concret à l'abstrait, simplement parce que l'une des deux formes géométriques est discontinue. Le territoire des États-Unis comprend l'Alaska et il est donc discontinu, mais il n'en demeure pas moins un objet concret singulier ; et c'est la même chose pour le mobilier d'une chambre à coucher ou pour un jeu de cartes éparpillé. En fait tous les objets physiques qui ne sont pas de taille subatomique, sont, d'après la physique, faits de parties séparées dans l'espace. Alors pourquoi ne pas considérer « rouge » sur un pied d'égalité avec « Caÿster », comme étant le nom d'un objet concret singulier étendu dans l'espace et dans le temps ? De ce point de vue, dire qu'une goutte est rouge revient à affirmer une relation spatio-temporelle simple entre deux objets concrets ; un objet, la goutte, est une partie spatio-temporelle de l'autre objet, le rouge, tout comme une certaine chute d'eau est une partie spatio-temporelle du Caÿster.

Avant de poursuivre et de voir comment cette égalisation générale des particuliers et des universaux s'effondre, je voudrais revenir en arrière et examiner de plus près le terrain déjà parcouru. Nous avons vu comment l'identité et l'ostension se combinent pour conceptualiser des objets étendus, mais nous n'en avons pas demandé la raison. Qu'est-ce qui vaut à cette pratique sa survie ? L'identité est plus commode que la parenté fluviale ou d'autres relations parce que les objets mis en relation n'ont pas à être distingués comme multiples. Tant que ce que nous cherchons à dire du fleuve Caÿster n'implique pas de distinguer des phases momentanées a, b, etc., le sujet discuté gagne en simplicité formelle à être représenté comme un objet singulier, le Caÿster, au lieu d'être représenté comme une multiplicité d'objets a, b, etc., se tenant dans une relation de parenté fluviale. Cet expédient est une application, d'une manière relative ou locale, du rasoir d'Occam : les entités dont il est question dans un certain discours sont réduites de plusieurs, a, b, etc. à une seule, le Caÿster. Notons, cependant, que d'un point de vue transcendant ou absolu, l'expédient est tout à fait opposé au rasoir d'Occam, car les multiples entités a, b, etc., n'ont pas été exclues de l'univers ; c'est tout simplement le Caÿster qui a été ajouté. Dans certains contextes, nous pourrions avoir besoin de parler de manière différentielle de a, b, etc., plutôt que de parler indistinctement du Caÿster. Le Caÿster demeure quand même un commode ajout à notre ontologie en raison des contextes où il permet une économie.

Considérons, de manière un peu plus générale, un discours sur des objets momentanés qui, quoique se trouvant tous être des phases fluviales, ne sont pas entièrement apparentés fluvialement. Si, dans ce discours, il se trouve que tout ce qui est affirmé d'un objet momentané est également affirmé de tout autre objet qui lui est apparenté fluvialement, de sorte que des distinctions entre phases du même fleuve ne sont jamais pertinentes, il est clair qu'on gagne en simplicité en représentant le sujet de discussion comme incluant quelques fleuves plutôt que de nombreuses phases fluviales. La diversité est toujours présente au sein de nos nouveaux objets, les fleuves, mais aucune diversité excédant les besoins du discours qui nous occupe.

Je viens juste de parler de l'intégration d'objets momentanés dans des totalités temporelles, mais il est clair que l'on peut faire de semblables remarques sur l'intégration de localités, que l'on peut désigner individuellement, à des totalités étendues dans l'espace. Quand ce que nous voulons dire de certaines surfaces importantes ne concerne pas les distinctions entre leurs parties, nous simplifions le discours en rendant ses objets aussi grands et peu nombreux que possible – en prenant les diverses surfaces importantes pour des objets singuliers.

71 Des remarques analogues valent, c'est assez évident, pour l'intégration conceptuelle – l'intégration de particuliers dans un universel. Considérons un discours sur des phases personnelles et supposons que tout ce qui est dit d'une phase personnelle, dans ce discours, vaille également pour toutes les phases personnelles qui gagnent la même somme d'argent. Nous simplifions donc le discours en changeant le sujet de discussion des phases personnelles à des groupes de mêmes revenus. Des distinctions sans importance pour le discours présent sont ainsi extirpées du sujet de discussion.

Nous pouvons généralement poser cette maxime d'*identification des indiscernables* : les objets qu'on ne peut pas distinguer entre eux dans les termes d'un discours donné doivent être réputés identiques pour ce discours. Plus précisément : les références aux objets originaux doivent être réinterprétées, à des fins propres au discours, comme références à d'autres objets moins nombreux, de telle sorte que les originaux qu'on ne peut pas distinguer laissent place au même objet nouveau.

Pour illustrer de manière frappante l'application de cette maxime, on peut examiner l'exemple bien connu de ce qu'on appelle le calcul propositionnel[1]. Pour commencer, laissons-nous guider par des ouvrages récents qui conçoivent les « p », « q » etc. de ce calcul comme faisant référence à des concepts propositionnels, quels qu'ils puissent être. Mais nous savons que des concepts propositionnels qui partagent la même valeur

---

1. Vor plus bas, p. 156-163.

de vérité ne peuvent être distingués dans les termes de ce calcul, et sont interchangeables, pour autant que ce calcul exprime quelque chose. Et donc le canon de l'identification des indiscernables nous oblige à réinterpréter « p », « q », etc. comme ayant pour seule référence les valeurs de vérité – ce qui, soit dit en passant, est l'interprétation frégéenne.

Pour ma part, je préfère concevoir « p », « q », etc., comme des lettres schématiques tenant lieu d'énoncés, mais qui n'ont aucune référence. Mais s'il faut les traiter comme ayant une référence, alors la maxime convient.

Notre maxime d'identification des indiscernables est relative à un discours, et dès lors reste vague dans la mesure où le clivage entre les discours peut l'être lui-même. Cette maxime s'applique mieux quand le discours est nettement délimité, comme le calcul propositionnel ; mais en général le discours se compartimente jusqu'à un certain point, et c'est par là qu'on 72 tendra à déterminer où et dans quelle mesure la maxime d'identification des indiscernables est opportune.

3

Revenons à présent à nos réflexions sur la nature des universaux. Nous avons plus haut représenté cette catégorie avec l'exemple de « rouge », et nous avons trouvé que cet exemple est susceptible d'être traité comme un objet particulier ordinaire étendu spatio-temporellement, tout comme le Caÿster. Le rouge était la plus grande chose rouge de l'univers – totalité de la chose éparpillée dont les parties sont toutes les choses rouges. De même, dans l'exemple plus proche des groupes de mêmes revenus, on peut concevoir chaque groupe simplement comme une chose spatio-temporelle éparpillée faite des phases personnelles appropriées, c'est-à-dire des phases différentes de personnes différentes. Un groupe de revenus est tout aussi concret qu'un fleuve ou qu'une personne, et, à l'instar d'une personne, c'est une somme de phases personnelles. La différence avec une personne réside simplement dans le fait que les phases personnelles qui s'assemblent pour former un groupe de revenus sont un autre assortiment que les phases personnelles qui s'assemblent pour former une personne. Les groupes de revenus et les personnes sont tout autant liés que les fleuves et les eaux ; on se rappellera en effet de l'objet momentané *a*, qui faisait partie en un sens temporel à la fois d'un fleuve et d'une eau, tandis que *b* faisait partie du même fleuve, mais pas de la même eau, et que *c* faisait partie de la même eau mais pas du même fleuve. Jusqu'à ce point, donc, la distinction entre intégration spatio-temporelle et intégration conceptuelle semble gratuite ; tout n'est qu'intégration spatio-temporelle.

À présent, passons à un exemple plus artificiel. Supposons que nous prenions pour objet d'intérêt les régions convexes, grandes ou petites, délimitées par des lignes visibles, sur cette figure. Il y en a 33.

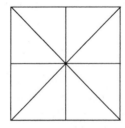

73   Supposons ensuite que nous tenions un discours selon lequel toutes les régions géométriquement semblables sont interchangeables. Alors notre maxime d'identification des indiscernables nous oblige, pour les fins de ce discours, à parler non pas de similarité mais d'identité ; nous interdit de dire que *x* et *y* sont semblables, mais nous oblige à dire que *x* = *y*, réinterprétant alors les objets *x* et *y* comme des formes et non plus comme des régions. La multiplicité de notre objet se réduit alors de 33 à 5 : le triangle isocèle droit, le carré, le rectangle, et deux formes trapézoïdales.

Tous les cinq sont des universaux. Tout comme nous avons réinterprété la couleur rouge comme la chose spatio-temporelle complète faite de toutes les choses rouges, supposons que nous interprétions la forme carré comme toute la région obtenue en rassemblant les cinq régions carrées. Supposons également que nous interprétions la forme triangle isocèle droit comme toute la région obtenue en rassemblant les seize régions triangulaires. De même supposons que nous interprétions la forme rectangle comme toute la région obtenue en rassemblant les quatre régions rectangulaires ; de même pour les deux formes trapézoïdales. Cela nous pose évidemment un problème, car nos cinq formes se réduisent toutes à une, la région entière. En rassemblant toutes les régions triangulaires, on obtient simplement toute la région carrée. En rassemblant toutes les régions carrées, c'est la même chose ; et de même pour les trois autres formes. La conclusion, inacceptable, que nous devrions tirer, est que les cinq formes sont identiques.

La théorie des universaux concrets, qui marchait pour le rouge, s'effondre quand on la généralise[1]. En général, on peut imaginer que les entités que sont les universaux se sont immiscées dans notre ontologie de la façon suivante. Tout d'abord, nous avons pris l'habitude d'introduire des choses concrètes étendues spatio-temporellement, selon le schéma déjà considéré. Le rouge, le Caÿster, et autres choses ont été admis en tant que choses concrètes. À la fin le triangle, le carré, et les autres universaux se sont glissés dans notre ontologie sur la base d'une analogie fallacieuse avec le rouge et ses semblables.

Par simple amour du sport philosophique, sans même penser que quoi que ce soit de sérieux, sur le plan anthropologique ou psychologique, puisse ressortir de nos réflexions, 74 revenons à la théorie humienne des objets extérieurs pour lui

1. Cf. Goodman, p. 46-51.

faire franchir un pas de plus. D'après Hume, on identifie à tort les impressions momentanées entre elles sur la base d'une ressemblance. Puis, afin d'enlever à l'identité, quand elle est présente parmi des entités disparates temporellement, son caractère paradoxal, nous inventons des objets temporels, pour que cette identité ait des objets. On peut supposer que l'extension spatiale, qui dépasse ce qui est donné dans le moment de l'impression, est introduite de la même manière. On peut concevoir que l'entité rouge, qu'on l'appelle au choix un universel ou un particulier largement répandu, fait son entrée selon le même processus (quoique là ce ne soit plus du Hume). Des impressions momentanées et locales de rouge sont identifiées entre elles, puis on invoque une entité simple, le rouge, comme le véhicule de ces entités, qui seraient, sinon, indéfendables. Même chose pour l'entité carré, et pour l'entité triangle. Des impressions de carré sont identifiées entre elles, puis on pose une entité simple, le carré, pour qu'il soit le véhicule de l'identité ; de même pour le triangle.

Jusqu'à présent, nous n'avons remarqué aucune différence entre l'introduction des particuliers et l'introduction des universaux. Mais rétrospectivement, il nous faut reconnaître qu'il y a une différence. Si la relation du carré et du triangle aux triangles et carrés particuliers de base était la même que la relation entre des objets concrets et leurs phases momentanées et fragments spatiaux, alors le résultat serait l'identité du triangle et du carré – comme nous avons pu le remarquer avec notre petit univers artificiel de régions.

Par conséquent nous sommes conduits à reconnaître deux types différents d'association : celle des parties concrètes dans un tout concret, et celle des instances concrètes dans un universel abstrait. Nous sommes conduits à reconnaître la divergence de deux sens de « est » : « C'est le Caÿster », d'une part ; « C'est carré », d'autre part.

4

Laissons là la psychologie spéculative et revenons à notre analyse de l'ostension d'objets étendus spatio-temporellement, pour voir la différence avec ce que l'on peut appeler l'ostension des universaux irréductibles comme le carré ou le triangle. Dans l'explication ostensive du Caÿster, nous montrons du doigt *a*, *b*, et d'autres phases, et nous disons à chaque fois « C'est le Caÿster », l'identité de l'objet indiqué étant comprise comme s'étendant d'une occasion à l'autre. 75 D'autre part, dans l'explication ostensive de « carré », nous montrons du doigt divers objets particuliers et nous disons à chaque fois « C'est carré », *sans* attribuer d'identité à l'objet indiqué d'une occasion à l'autre. Ce dernier ensemble de gestes donne à notre interlocuteur une base pour induire raisonnablement ce que nous serions en général disposés à désigner comme carré, tout comme le premier échantillon lui donnait une base pour induire raisonnablement ce que nous serions disposés à désigner comme le Caÿster. La différence des deux cas réside simplement dans le fait que, dans un cas, on fait la supposition qu'il y a un objet indiqué identique, alors que dans l'autre cas on ne fait pas cette supposition. Dans le dernier cas, ce n'est pas l'objet indiqué qu'on suppose identique d'un geste de montrer à un autre, mais, au mieux, un attribut de carréité *partagé* par les objets indiqués.

En réalité, rien ne nous oblige jusqu'ici à poser des entités telles que des attributs lors de notre éclaircissement ostensif de « carré ». Nos différents gestes permettent de clarifier notre usage de « est carré » ; mais l'objet carréité n'a besoin ni d'être supposé comme l'objet montré, ni d'être supposé disponible pour être la référence du mot « carré ». Tout ce que nous pouvons exiger, quand nous expliquons « est carré » ou une autre expression, c'est que notre interlocuteur apprenne à prévoir quand nous appliquerons l'expression à un objet et quand nous ne le ferons pas ; l'expression elle-même n'a pas besoin d'être le nom d'un quelconque objet isolé.

Ainsi, des contrastes sont apparus entre termes généraux et termes singuliers. Premièrement, les ostensions introduisant un terme général sont différentes de celles qui introduisent un terme singulier, car les premières n'attribuent pas d'identité à l'objet indiqué entre deux occasions. Deuxièmement, un terme général n'est pas, ou pas nécessairement, le nom d'une quelconque entité isolée, alors que c'est le cas pour un terme singulier.

Ces deux remarques ne sont pas indépendantes. Frege a souligné que le critère permettant de juger si un terme est utilisé comme un nom est qu'il se prête bien aux contextes d'identité. Pour décider si un terme, dans un contexte donné, est ou non employé pour nommer une entité, il faut voir si le terme se prête dans ce contexte à l'algorithme de l'identité : la loi de substitution des égaux [1].

Il ne faut pas supposer de lien entre cette doctrine de Frege et une répudiation des entités abstraites. Au contraire, nous restons libres d'admettre des noms d'entités abstraites; et, selon le critère de Frege, cela consiste précisément à admettre des termes abstraits dans des contextes d'identité répondant aux lois d'identité. Soit dit en passant, Frege était, en ce qui concerne sa propre philosophie, plutôt platonicien.

Je crois qu'il est plus simple de considérer l'étape d'hypostase des entités abstraites comme une étape additionnelle qui suit l'introduction des termes généraux correspondants. D'abord il faut supposer accomplie l'introduction de l'idiome « c'est carré », ou « x est carré » – peut-être par ostension comme on l'a vu précédemment ou bien par d'autres voies, comme la définition géométrique usuelle en fonction de termes généraux donnés. Puis vient une étape isolée où nous dérivons l'attribut de *carréité*, ou, ce qui revient exactement au même, *la classe des carrés*. Afin de procéder à cette étape, on invoque un nouvel opérateur fondamental « classe des », ou « -ité ».

---

1. Voir plus bas, p. 197 *sq.*

J'attache beaucoup d'importance à la distinction traditionnelle entre les termes généraux et les termes singuliers abstraits, « carré » contre « carréité », pour une raison ontologique : l'emploi du terme général ne nous engage pas à admettre l'entité abstraite correspondante dans notre ontologie ; l'emploi d'un terme singulier abstrait, lui, sujet au comportement standard des termes singuliers, comme la loi de substitution des égaux, nous engage sans autre forme de procès à admettre l'entité abstraite nommée par le terme[1].

On conçoit aisément que c'est précisément faute d'avoir pu remarquer cette distinction que les entités abstraites ont pu avoir prise sur nos imaginations en premier ressort. Nous avons vu que l'explication ostensive des termes généraux comme « carré » est très proche de celle des termes concrets singuliers comme « Caÿster », et il y a certainement des cas comme « rouge » où aucune différence n'est requise. De là vient la tendance naturelle non seulement à introduire les termes généraux en même temps que les singuliers, mais aussi à les traiter à égalité comme des noms d'entités simples. Cette tendance est sans aucun doute encouragée par le fait qu'il est souvent commode pour des raisons purement syntaxiques, l'ordre des mots ou le renvoi, par exemple, de traiter un terme général comme si c'était un nom propre.

77

5

Le schème conceptuel au sein duquel nous avons grandi est un héritage éclectique, et les forces qui ont dirigé son évolution depuis les temps de l'homme de Java jusqu'à nos jours[2] sont un sujet de grande perplexité. Les expressions relatives à des objets physiques ont certainement occupé une position

1. Voir, plus bas, p. 163 *sq.*
2. « Grossière et sans maître la tête
   De l' *homo javanensis*
   Se bornait aux choses concrètes
   Offrant aux sens une prise ».

centrale dès les premières époques du langage ; ces objets fournissaient en effet des points de référence relativement fixes utiles au développement social que constitue le langage. Les termes généraux sont également sans doute apparus très tôt, parce que des stimuli semblables ont tendance à provoquer des réponses semblables ; des objets semblables ont tendance à être appelés du même mot. Nous avons en effet vu que l'acquisition ostensive d'un terme général concret procède selon les mêmes voies que celle d'un terme singulier concret. L'adoption des termes singuliers abstraits, et de toutes les entités abstraites qui s'ensuivent par postulation, est une étape supplémentaire, une révolution philosophique qui plus est ; cependant nous avons noté que cette étape peut avoir été franchie sans processus conscient d'invention.

Nous avons toutes les raisons de nous réjouir de la présence parmi nous des termes généraux, quelle qu'en soit la cause. Il est clair qu'un langage serait impossible sans eux, et que la pensée se réduirait vraiment à peu de chose. Quant à l'admission des entités abstraites nommées par les termes singuliers abstraits, cependant, la place est ouverte pour des jugements de valeur divergents. À des fins de clarté, il est important de reconnaître, avec leur introduction, un opérateur en plus, « classe des » ou « -ité ». Sans doute, comme nous l'avons suggéré, est-ce faute d'avoir évalué l'immixtion de cet opérateur additionnel inexpliqué qu'une croyance en des entités abstraites a pu voir le jour. Mais cette explication génétique est indépendante de la question de savoir si les entités 78 abstraites, une fois parmi nous, ne sont pas après tout une aubaine du point de vue de la commodité conceptuelle – cette adoption pourrait être, finalement, un heureux accident.

Quoi qu'il en soit, une fois les entités abstraites admises, notre mécanisme conceptuel se met en route et engendre naturellement une hiérarchie sans fin d'abstractions supplémentaires. Car il faut noter pour commencer que les processus ostensifs que nous avons étudiés ne sont pas la seule manière d'introduire des termes, singuliers ou généraux. Nous serons

nombreux à dire qu'une introduction de ce genre est fondamentale ; mais une fois que nous avons à notre disposition un
fonds de termes acquis de façon ostensive, il n'y a aucune
difficulté à expliquer les termes additionnels de manière
discursive, par des paraphrases qui combinent les termes déjà à
notre disposition. L'explication discursive, au contraire de
l'ostension, peut tout aussi bien servir à définir de nouveaux
termes généraux applicables à des entités abstraites, par
exemple « forme » ou « espèce zoologique », qu'à définir des
termes généraux applicables à des entités concrètes. Puis, en
appliquant l'opérateur « -ité » ou « classe des » à ces termes
généraux, nous obtenons des termes singuliers abstraits de
second niveau, dont l'objet est de donner des noms à des
entités comme les attributs « avoir une forme » ou « être d'une
espèce zoologique », ou les classes de toutes les formes ou des
espèces zoologiques. On peut répéter la même procédure au
niveau suivant, et ainsi de suite, indéfiniment en théorie. C'est
aux niveaux supérieurs que l'on trouve les entités mathématiques, c'est-à-dire les nombres, les fonctions numériques,
etc., d'après les analyses portant sur les fondements des
mathématiques qui ont cours depuis Frege jusqu'à nos jours,
en passant par Whitehead et Russell.

La question philosophique apparemment fondamentale,
« À quel égard notre science est-elle simplement déterminée
par le langage, et à quel égard est-elle une véritable réflexion
sur la réalité ? » n'est sans doute qu'une question spécieuse, qui
ne doit son origine qu'à une forme particulière de langage.
Nous tombons à coup sûr dans l'embarras si nous tentons d'y
répondre ; en effet, pour répondre à cette question, il faut parler
aussi bien du langage que du monde, et pour parler du monde
nous devons déjà lui avoir imposé un schème conceptuel
propre à notre langage spécifique.

Cependant, nous ne devons pas sauter à la conclusion
fataliste qui veut que nous soyons englués dans le schème
conceptuel au sein duquel nous avons grandi. Nous pouvons
le modifier morceau par morceau, planche par planche,

79 quoiqu'en même temps rien d'autre que le schème conceptuel en évolution ne puisse nous porter. Neurath a eu raison de comparer la tâche du philosophe à celle d'un marin qui doit réparer son bateau en pleine mer.

Nous pouvons améliorer morceau par morceau notre schème conceptuel, notre philosophie, tout en continuant d'en dépendre de manière vitale ; mais nous ne pouvons pas nous en détacher et le comparer objectivement avec une réalité non conceptualisée. Ce que je suggère, c'est qu'une recherche portant sur la correction absolue d'un schème conceptuel conçu comme un miroir de la réalité n'a aucun sens. Les critères qui guident notre appréciation des modifications basiques du schème conceptuel ne doivent pas être des critères réalistes de correspondance avec la réalité, mais des critères pragmatiques[1]. Les concepts sont du langage, et l'objet des concepts et du langage est l'efficacité dans la communication et la prédiction. Voilà la tâche ultime du langage, de la science et de la philosophie, et c'est par rapport à cette tâche que l'on doit en définitive apprécier un schème conceptuel.

L'élégance, l'économie conceptuelle comptent également comme objectif. Mais cette vertu, malgré tout son attrait, n'est que secondaire – parfois d'une manière et parfois d'une autre. L'élégance peut faire la différence entre un schème conceptuel psychologiquement praticable et un schème conceptuel trop peu maniable pour que nos petits esprits en fassent quoi que ce soit. Quand on la trouve, l'élégance n'est qu'un moyen aux fins d'un schème conceptuel pragmatiquement acceptable. Mais l'élégance peut aussi être une fin en soi – et tout à fait honorable tant qu'elle reste secondaire à d'autres égards ; c'est-à-dire, tant qu'on y fait appel seulement pour des choix où les critères pragmatiques ne commandent pas une décision contraire. Quand l'élégance ne compte pas, nous pouvons cultiver l'élégance pour l'élégance, et, en tant que poètes, c'est ce que nous ferons.

---

1. Sur ce thème voir Duhem, p. 34, 280, 347 ; ou Lowinger, p. 41, 121, 145.

V

NOUVEAUX FONDEMENTS
POUR LA LOGIQUE MATHÉMATIQUE

Les *Principia Mathematica* de Whitehead et Russell nous **80** fournissent de bonnes raisons de penser qu'il est possible de traduire toutes les mathématiques dans la logique. Mais ceci demande l'élucidation de trois termes : traduction, mathématiques, et logique. Les phrases sont l'unité de base de la traduction ; elles comprennent les énoncés et aussi les phrases ouvertes ou matrices, c'est-à-dire les expressions obtenues à partir des énoncés en remplaçant des constantes par des variables. Ainsi on ne soutient pas qu'à tout symbole ou à toute combinaison de symboles mathématiques, disons « ∇ » ou « d/dx », on puisse faire correspondre directement une expression de la logique. Mais on soutient que toute expression de ce genre peut être traduite en contexte, c'est-à-dire que toutes les phrases qui contiennent une telle expression peuvent être traduites de manière systématique en d'autres phrases dans lesquelles ne figure pas l'expression en question et qui ne contiennent pas de nouvelles expressions en plus de celles de la logique. Ces autres phrases seront des traductions des phrases de départ au sens où elles seront en accord avec elles en matière de vérité ou de fausseté pour toutes les valeurs des variables.

Étant donnée une telle traductibilité en contexte de tous les signes mathématiques, il s'ensuit que toute phrase constituée purement de notation logique et mathématique est traduisible en une phrase constituée purement de notation logique. En particulier, donc, tous les principes des mathématiques se réduisent à des principes de la logique – ou en tout cas à des principes dont la formulation ne nécessite pas de vocabulaire extra-logique.

81 Les mathématiques, au sens que nous visons ici, peuvent être considérées comme embrassant tout ce qui est tradition-nellement classé dans les mathématiques pures. Dans les *Principia*, Whitehead et Russell présentent les constructions des notions essentielles de la théorie des ensembles, de l'arithmétique, de l'algèbre et de l'analyse à partir des notions de la logique. Le cas de la géométrie est de cette manière traité lui aussi, si en pensant aux notions géométriques nous pensons aux notions algébriques auxquelles elles sont identifiées à travers les corrélations de la géométrie analytique. La théorie des algèbres abstraites est dérivable de la logique des relations qui est développée dans les *Principia*.

Il faut admettre que la logique qui engendre tout cela est une machine plus puissante que celle fournie par Aristote. Les fondements des *Principia* sont rendus obscurs par la notion de fonction propositionnelle[1], mais, si nous supprimons ces fonctions au profit des classes et relations auxquelles elles correspondent, nous obtenons une logique tripartite des propo-sitions, des classes et des relations. Les notions primitives dans les termes desquelles ces calculs sont en dernière instance exprimés ne sont pas les notions standards de la logique tradi-tionnelle; pourtant elles sont d'une espèce que l'on n'hésite-rait pas à qualifier de logique.

Des recherches ultérieures ont montré que l'éventail des notions logiques exigées est beaucoup plus restreint qu'on ne le supposait même dans les *Principia*. Nous n'avons besoin

1. Voir plus bas, p. 175.

que de ces trois : l'*appartenance*, que l'on exprime en plaçant le signe « ∈ » au milieu et en mettant le tout entre parenthèses ; l'*incompatibilité*, que l'on exprime en plaçant le signe « | » au milieu et en mettant le tout entre parenthèses ; et la *quantification universelle*, que l'on exprime en préfixant une variable mise entre parenthèses. Toute la logique au sens des *Principia*, et par là toutes les mathématiques également, peuvent être traduites dans un langage constitué seulement d'une infinité de variables « x », « y », « z », « x' », etc., et de ces trois modes de composition notationnelle.

Il faut considérer que les variables prennent comme valeurs tous les objets quels qu'ils soient ; et parmi ces objets il faut compter les classes de n'importe quels de ces objets, et donc aussi les classes de n'importe quelles classes.

« $(x \in y)$ » énonce que x est un membre de y. De prime abord, cela n'a de sens que lorsque y est une classe. Cependant, nous pouvons nous mettre d'accord sur une signification supplémentaire arbitraire dans le cas où y est un *individu*, **82** c'est-à-dire une non-classe : nous pouvons interpréter « $(x \in y)$ » dans ce cas comme affirmant que x *est* l'individu y[1].

La forme « (— | ---) », avec n'importe quel énoncé à la place des blancs, peut se lire « Pas à la fois — et --- », c'est-à-dire « Ou non — ou non --- », c'est-à-dire « Si — alors non --- ». La première lecture est meilleure, parce que moins sujette aux ambiguïtés de l'usage français. L'énoncé composé est faux si et seulement si les deux énoncés composants sont vrais.

Le quantificateur « (x) », pour finir, peut se lire « pour tout x », ou mieux « quel que soit x ». Ainsi « $(x)\ (x \in y)$ » veut dire « tout est membre de y ». L'énoncé entier « (x)--- » est vrai si et seulement si la formule « --- » à laquelle le quantificateur est préfixé est vraie pour toutes les valeurs de la variable x.

---

1. Cette interprétation, jointe au postulat suivant P1, a pour résultat la fusion de tout individu avec la classe ayant cet individu comme unique élément ; mais cela ne pose pas de problèmes.

Les *formules* de ce langage rudimentaire peuvent être décrites récursivement de la manière suivante : si on remplace « α » et « β » par des variables quelconques dans « $(\alpha \in \beta)$ », le résultat est une formule ; si deux formules quelconques sont mises à la place de « ϕ » et « ψ » dans « $(\phi \mid \psi)$ », le résultat est une formule ; et si une variable est mise à la place de « α » et une formule à la place de « ϕ » dans « $(\alpha)\phi$ », le résultat est une formule. Les formules ainsi décrites sont les phrases du langage.

Si toutes les mathématiques sont traduisibles dans la logique des *Principia*, et si cette logique doit être traduisible dans ce langage rudimentaire, alors toute phrase construite entièrement à partir d'outils mathématiques et logiques doit être traduisible *in fine* en une *formule* au sens que l'on vient de définir. Je vais rendre apparente la traductibilité des *Principia*, en montrant comment une série de notions centrales de cette logique peut être construite à partir de nos notions primitives. La construction des notions mathématiques, à son tour, peut être alors laissée aux *Principia*.

Il faut voir les définitions, qui sont le moyen de toute semblable construction de notions dérivées, comme des conventions superflues d'abréviation notationnelle. Les notations nouvelles qu'elles introduisent doivent être considérées comme étrangères à notre langage rudimentaire ; et la seule justification de notre introduction de telles notations, introduction officieuse pour ainsi dire, est l'assurance qu'elles sont éliminables de manière unique au profit de la notation primitive. La forme dans laquelle on exprime une définition est sans importance, tant qu'elle indique la manière de l'éliminer. Le but des définitions, en général, est peut-être la brièveté de la notation ; mais dans le cas présent, le but est de signaler certaines notions dérivées qui jouent un rôle important dans les *Principia* et ailleurs.

En énonçant les définitions, on utilisera des lettres grecques « α », « β », « γ », « ϕ », « ψ », « χ » et « ω » pour faire référence aux expressions. Les lettres « ϕ », « ψ », « χ » et « ω » feront référence à des formules quelconques, et « α », « β » et « γ » feront référence à des variables quelconques. Quand elles sont enchâssées dans des signes qui appartiennent au langage logique lui-même, le tout fait référence à l'expression formée en enchâssant de cette manière les expressions auxquelles font référence ces lettres grecques. Ainsi « $(\phi \mid \psi)$ » fera référence à la formule formée en mettant respectivement les formules ϕ et ψ, quelles qu'elles soient, dans les blancs respectifs de « $(\mid)$ ». L'expression « $(\phi \mid \psi)$ » elle-même n'est pas une formule, mais un nom qui décrit une formule ; c'est une abréviation pour la description « la formule formée en écrivant une parenthèse ouvrante, suivie par la formule ϕ, suivie par une barre, suivie par la formule ψ, suivie par une parenthèse fermante ». Il en va de même pour « $(\alpha \in \beta)$ », « $(\alpha)\phi$ », « $((\alpha)(\alpha \in \beta) \mid \phi)$ » etc. Un tel usage des lettres grecques n'a pas sa place dans le langage dont on discute, mais il donne un moyen pour discuter de ce langage.

La première définition introduit la notation habituelle pour la *négation* :

D1. $\sim\phi$ pour $(\phi \mid \phi)$.

Ceci est une convention par laquelle le fait de préfixer « $\sim$ » à une formule ϕ quelconque va constituer une abréviation de la formule $(\phi \mid \phi)$. Comme en général l'incompatibilité $(\phi \mid \psi)$ est fausse si et seulement si ϕ et ψ sont toutes les deux vraies, une expression $\sim\phi$ ainsi définie sera fausse ou vraie selon que ϕ est vraie ou fausse. Le signe « $\sim$ » peut ainsi se lire « non », ou « il est faux que ».

La définition suivante introduit la *conjonction* :

D2. $(\phi \cdot \psi)$ pour $\sim(\phi \mid \psi)$.

Puisque $(\phi \mid \psi)$ est fausse si et seulement si ϕ et ψ sont vraies, $(\phi \cdot \psi)$ ainsi définie sera vraie si et seulement ϕ et ψ sont vraies. Le point peut donc se lire « et ».

La définition suivante introduit ce qu'on appelle le *conditionnel matériel* : 84

D3. $(\phi \supset \psi)$ pour $(\phi \,|\, {\sim}\psi)$.

$(\phi \supset \psi)$ ainsi défini est faux si et seulement si ϕ est vraie et ψ est fausse. Le connecteur «⊃» peut donc se lire «si-alors», à condition de comprendre ces mots dans un sens purement descriptif ou factuel, et sans inférer quelque connexion nécessaire entre l'antécédent et le conséquent.

La définition suivante introduit la *disjonction* :

D4. $(\phi \lor \psi)$ pour $({\sim}\phi \supset \psi)$.

On voit immédiatement que $(\phi \lor \psi)$, ainsi définie, est vraie si et seulement si ϕ et ψ ne sont pas toutes les deux fausses. On peut donc lire «∨» comme «ou», à condition de comprendre ce mot en un sens qui autorise les deux membres de l'alternative à être vrais ensemble.

La définition suivante introduit ce qu'on appelle le *bi-conditionnel matériel* :

D5. $(\phi \equiv \psi)$ pour $((\phi \,|\, \psi)\,|\,(\phi \lor \psi))$.

Un examen rapide montre que $(\phi \equiv \psi)$, ainsi défini, est vrai si et seulement si ϕ et ψ sont en accord en matière de vérité ou de fausseté. Le signe «≡» peut donc se lire «si et seulement si», à condition de comprendre cette connexion dans un sens purement descriptif comme dans le cas de D3.

On appelle les outils définis jusqu'ici des *fonctions de vérité*, parce que la vérité ou la fausseté des énoncés complexes qu'ils engendrent dépend seulement de la vérité ou de la fausseté des énoncés qui les constituent. L'usage de l'incompatibilité afin de définir toutes les fonctions de vérité est dû à Sheffer.

La définition suivante introduit la *quantification existentielle* :

D6. $(\exists\alpha)\phi$ pour ${\sim}(\alpha){\sim}\phi$.

$(\exists\alpha)\phi$ sera donc vraie si et seulement si ce n'est pas le cas que la formule ϕ est fausse pour toutes les valeurs de la variable α, et par là si et seulement si ϕ est vraie pour certaines valeurs de α. Le signe « $\exists$ » peut donc se lire « pour certains »; « $(\exists x)(x \in y)$ » veut dire « Pour certains x, $(x \in y)$ », c'est-à-dire « il existe des membres de y ».

La définition suivante introduit l'*inclusion* :   **85**

D7. $(\alpha \subset \beta)$ pour $(\gamma((\gamma \in \alpha) \supset (\gamma \in \beta))$.

« $(x \subset y)$ » veut donc dire que x est une sous-classe de y, ou est inclus dans y, au sens où tout membre de x est membre de y.

La suivante introduit l'*identité* :

D8. $(\alpha = \beta)$ pour $(\gamma((\alpha \in \gamma) \supset (\beta \in \gamma))$.

« $x = y$ » veut donc dire que y appartient à toute classe à laquelle x appartient. L'adéquation du *definiens* est claire du fait que si y appartient à toute classe à laquelle x appartient, alors en particulier y appartient à la classe dont le seul membre est x.

À strictement parler, D7 et D8 violent le réquisit d'éliminabilité de manière unique; ainsi, en éliminant l'expression « $(x \subset y)$ » ou « $(z = w)$ », nous ne savons pas quelle lettre choisir pour le γ de la définition. Ce choix est sans influence sur la signification, bien entendu, tant que la lettre choisie est distincte des autres variables en jeu; mais cela ne doit pas être introduit clandestinement par les définitions. Supposons donc adoptée une convention alphabétique arbitraire afin de gouverner le choix d'une telle lettre distincte dans le cas général [1].

L'outil qu'on va introduire maintenant est la *description*. Étant donnée une condition « --- » satisfaite par un seul objet x, la description « $(\imath x)$--- » est utilisée pour dénoter cet objet. L'opérateur « $(\imath x)$ » peut donc se lire « l'objet x tel que ». Une description « $(\imath \alpha)\phi$ » est introduite formellement seulement en

---

1. Ainsi on peut stipuler en général que lorsqu'une définition exige dans le *definiens* des variables qui sont supprimées dans le *definiendum*, la première à apparaître doit être choisie comme étant la lettre qui suit dans l'ordre alphabétique toutes les lettres du *definiendum*; la seconde comme étant la lettre suivante de l'alphabet; et ainsi de suite. L'alphabet est « a », « b », ..., « z », « a' », ..., « z' », « a'' » ... En particulier, « $(x \subset y)$ » et « $z = w$ » sont alors des abréviations pour « $(z)((z \in x) \supset (z \in y))$ » et « $(a')((z \in a') \supset (w \in a'))$ ».

tant que partie des contextes qu'on définit en entier de la manière suivante :

D9. $((\iota\alpha)\phi \in \beta)$ pour $(\exists\gamma)((\gamma \in \beta).(\alpha)((\alpha = \gamma) \equiv \phi))$.

D10. $(\beta \in (\iota\alpha)\phi)$ pour $(\exists\gamma)((\beta \in \gamma).(\alpha)((\alpha = \gamma) \equiv \phi))$.

86   Soit « --- » une condition sur x. Alors « $(x)((x = z) \equiv (---))$ » veut dire qu'un objet x quelconque est identique à z si et seulement si la condition est remplie ; en d'autres termes, que z est l'unique objet x tel que ---. Alors « $((\iota x) --- \in y)$ », suivant sa définition en D9 par « $(\exists z)((z \in y).(x)((x = z) \equiv (---)))$ », veut dire que y a un membre qui est l'unique objet x tel que --- ; donc que y a pour membre *le* x tel que ---. D9 nous donne ainsi bien la signification attendue. De la même manière, on voit que D10 explique « $(y \in (\iota x)---)$ » comme voulant dire que y est un membre *du* x tel que ---. Si la condition « --- » n'est pas satisfaite par un objet x et un seul, les contextes « $((\iota x) --- \in y)$ » et « $(y \in (\iota x)---)$ » deviennent tous les deux trivialement faux.

Les contextes comme $(\alpha \subset \beta)$ et $(\alpha = \beta)$, définis pour des variables, deviennent maintenant accessibles également à des descriptions ; ainsi $((\iota\alpha) \subset \beta)$, $((\iota\alpha)\phi \subset (\iota\beta)\psi)$, $(\beta = (\iota\alpha)\phi)$, etc., sont réduits à des termes primitifs par les définitions D7-8 de l'inclusion et de l'identité, jointes aux définitions D9-10, qui rendent compte de $(\iota\alpha)\phi$ etc. dans les contextes dont D7-8 dépendent. Une telle extension de D7-8 et de définitions similaires aux descriptions requiert simplement la convention générale selon laquelle les définitions adoptées pour les variables doivent être également retenues pour les descriptions.

Par cette convention, D9 elle-même s'applique également quand on prend β pour une description ; on obtient ainsi des expressions de la forme $((\iota\alpha)\phi \in (\iota\beta)\psi)$. Mais ici le réquisit d'éliminabilité de manière unique demande une convention supplémentaire pour décider qui de D9 ou D10 sera appliquée la première afin d'expliquer $((\iota\alpha)\phi \in (\iota\beta)\psi)$. On peut se mettre d'accord de manière arbitraire pour appliquer D9 d'abord dans de tels cas. Il se trouve que l'ordre est sans importance pour la signification, sauf dans les cas dégénérés.

Parmi les contextes fournis par notre notation primitive, la forme de contexte $(\alpha)\phi$ est particulière en ce que la variable α ne lui communique aucune indétermination ou variabilité; bien au contraire, dans l'idiome «pour tout x», la variable entre en jeu de manière essentielle, et le remplacement de la variable par une constante ou une expression complexe engendre du non-sens. Les formes de contextes définies $(\exists\alpha)\psi$ et $(\imath\alpha)\psi$ partagent cette propriété, car D6 et D9-10 réduisent de telles occurrences de α à la forme de contexte $(\alpha)\phi$. Une variable dans un tel contexte est dite *liée*; partout ailleurs, *libre*.

Les variables libres sont donc limitées, en ce qui concerne **87** la notation primitive, aux contextes de la forme $(\alpha \in \beta)$. Les définitions D9-10 permettent précisément d'utiliser des descriptions dans de tels contextes. De ce fait, les descriptions deviennent disponibles également pour toutes les autres formes de contexte que l'on pourrait construire pour des variables libres par des définitions, comme dans D7-8. Nos définitions permettent donc d'utiliser une description dans toute position accessible à une variable libre. Ceci nous convient parfaitement, car, comme nous venons de l'observer, nous ne voulons jamais de descriptions ou d'autres expressions complexes dans les positions de variables liées.

La théorie des descriptions que j'ai présentée est pour l'essentiel celle de Russell, mais elle est beaucoup plus simple dans le détail[1].

La notion suivante à introduire est l'opération d'*abstraction* par laquelle, étant donnée une condition «---» sur x, nous formons la classe $\hat{x}$--- dont les membres sont précisément les objets x qui satisfont cette condition. L'opérateur «$\hat{x}$» peut se lire «la classe de tous les objets x tels que». La classe $\hat{x}$ est définissable, au moyen d'une description, comme *la* classe y à

---

1. Voir également plus haut, p. 31 *sq.*, et plus bas, p. 231 *sq.*

laquelle un objet quelconque x appartiendra si et seulement si ---; dans la notation symbolique,

D11. $\hat{\alpha}\phi$ pour $(\imath\beta)(\alpha)((\alpha \in \beta) \equiv \phi)$.

Grâce à l'abstraction, les notions de l'algèbre booléenne des classes sont maintenant définissables exactement comme dans les *Principia* : le complémentaire $-x$ est $\hat{y}\sim(y \in x)$, la somme $(x \cup y)$ est $\hat{z}((z \in x) \vee (z \in y))$, la classe universelle V est $\hat{x}(x = x)$, la classe nulle Λ est $-$V, et ainsi de suite. En outre, la classe $\{x\}$ dont le seul membre est x, et la classe $\{x, y\}$ dont les seuls membres sont x et y, sont définissables ainsi :

D12. $\{\alpha\}$ pour $\hat{\beta}\,(\beta = \alpha)$,

D13. $\{\alpha, \beta\}$ pour $\hat{\gamma}\,((\gamma = \alpha) \vee (\gamma = \beta))$.

Les *relations* peuvent être introduites simplement comme des classes de paires ordonnées, si nous pouvons trouver un moyen de définir les paires ordonnées. Clairement, toute définition conviendra à cette fin si elle rend toujours distinctes les paires $(x; y)$ et $(z; w)$ sauf lorsque x est z et y est w. Une définition dont on voit facilement qu'elle remplit cette exigence a été conçue par Kuratowski[1] :

D14. $(\alpha; \beta)$ pour $\{\{\alpha\}, \{\alpha, \beta\}\}$.

Autrement dit, la paire $(x; y)$ est une classe qui a deux classes comme membres ; une de ces classes a x comme unique membre, et l'autre a x et y comme uniques membres.

Ensuite, nous pouvons introduire l'opération d'*abstraction relationnelle*, par laquelle, étant donnée une condition « --- » sur x et y, nous formons la relation $\hat{x}\hat{y}$--- qui unit deux x et y quelconques si et seulement si x et y satisfont la condition. Puisqu'il faut voir les relations comme des classes de paires ordonnées, la relation $\hat{x}\hat{y}$--- peut être décrite comme la classe

---

1. La première définition donnée dans ce but était due à Wiener, mais elle diffère dans le détail de la présente.

de toutes les paires $(x; y)$ telles que ---; dans la notation symbolique,

D15. $\hat{\alpha}\hat{\beta}\ \phi$ pour $\hat{\gamma}\ (\exists\alpha)(\exists\beta)((\gamma=(\alpha;\beta)).\ \phi)$.

L'expression « x a la relation z avec y » n'a pas besoin de définition particulière, car elle devient simplement l'expression « $((x;y)\in z)$ »[1].

On a présenté ici suffisamment de définitions pour rendre les autres notions de logique mathématique accessibles directement au moyen des définitions des *Principia*. Tournons-nous maintenant vers la question des théorèmes. La procédure dans un système formel de logique mathématique consiste à spécifier certaines formules qui joueront le rôle de théorèmes initiaux, et à spécifier également certaines connexions inférentielles par lesquelles une formule devient un théorème, étant données comme théorèmes certaines autres formules (en nombre fini) qui lui sont reliées de la manière qu'il convient. Les formules initiales peuvent soit être énumérées les unes après les autres, comme des postulats, ou recevoir une caractérisation globale ; mais cette caractérisation doit dépendre uniquement de traits de la notation directement observables. Les connexions inférentielles doivent également dépendre uniquement de ce genre de traits. La dérivation de théorèmes procède ensuite par étape, en comparant d'un point de vue notationnel les formules.

Les formules que l'on veut comme théorèmes sont bien entendu exactement celles qui sont *valides* selon l'interpré- **89** tation attendue des signes primitifs – valides au sens où ce sont soit des énoncés vrais soit des phrases ouvertes qui sont vraies pour toutes les valeurs de leurs variables libres. Dans la mesure où toute la logique et les mathématiques sont exprimables dans

---

1. Le traitement ci-dessus des relations dyadiques s'étend immédiatement aux relations d'arité supérieure quelconque. En effet, une relation triadique entre x, y et z peut être traitée comme une relation dyadique entre x et la paire $(y; z)$; une relation tétradique entre x, y, z et w peut ensuite être traitée comme une relation triadique entre x, y et la paire $(z; w)$; et ainsi de suite.

ce langage primitif, les formules valides recouvrent par la traduction toutes les phrases valides de la logique et des mathématiques. Gödel [2] a montré, cependant, que cette totalité de principes ne peut jamais être exactement reproduite par les théorèmes d'un système formel, au sens de « système formel » qu'on vient de décrire. L'adéquation de notre systématisation doit alors être mesurée selon une norme qui exige moins que la totalité des formules valides. Les *Principia* fournissent une norme correcte ; car la base des *Principia* permet vraisemblablement la dérivation de toute la théorie mathématique codifiée, à l'exception de la frange qui requiert l'axiome de l'infini et l'axiome du choix comme hypothèses additionnelles.

Le système que l'on va présenter ici convient à la norme adoptée. Il comprend un postulat, à savoir le *principe d'extensionalité* :

P1. $$((x \subset y) \supset ((y \subset x) \supset (x = y))),$$

selon lequel une classe est déterminée par ses membres. Il comprend également trois règles qui spécifient des ensembles entiers de formules destinées à jouer le rôle de théorèmes initiaux :

R1. $((\phi \mid (\psi \mid \chi)) \mid ((\omega \supset \omega) \mid ((\omega \mid \psi) \supset (\phi \mid \omega))))$ est un théorème.

R2. Si ψ est identique à ϕ si ce n'est que β apparaît dans ψ comme variable libre exactement là où α apparaît dans ϕ comme variable libre, alors $((\alpha)\phi \supset \psi)$ est un théorème.

R3. Si « x » n'apparaît pas dans ϕ, $(\exists x)(y)((y \in x) \equiv \phi)$ est un théorème.

Il faut comprendre ces règles comme s'appliquant à toutes les formules $\phi, \psi, \chi,$ et $\omega,$ et à toutes les variables α et β.

Pour finir, le système comprend deux règles qui spécifient les connexions inférentielles :

R4. Si ϕ et $(\phi \mid (\psi \mid \chi))$ sont des théorèmes, χ est également un théorème.

R5. Si ($\phi \supset \psi$) est un théorème, et si α n'est pas une variable libre de ϕ, alors ($\phi \supset (\alpha)\psi$) est un théorème.

R1 et R4 sont une adaptation du calcul propositionnel tel que systématisé par Nicod et Łukasiewicz. R1 et R4, à elles deux, donnent comme théorèmes toutes les formules, et seulement celles-là, qui sont valides simplement en vertu de leur structure en termes de fonctions de vérité.

90

R2 et R5 contribuent à la technique de manipulation du quantificateur[1]. Les règles R1, R2, R4 et R5 donnent comme théorèmes toutes les formules, et seulement celles-là, qui sont valides en vertu de leur structure en termes de fonctions de vérité et de quantification.

P1 et R3, pour finir, concernent spécifiquement l'appartenance. R3 pourrait être appelé le *principe d'abstraction*; il assure que, étant donnée une condition quelconque « --- » sur y, il y a une classe x (à savoir $\hat{y}$---) dont les membres sont exactement les objets y tels que ---. Mais on voit facilement que ce principe conduit à une contradiction. En effet, R3 donne le théorème :

$$(\exists x)(y)((y \in x) \equiv \sim(y \in y)).$$

Maintenant prenons y en particulier pour x. Cette étape, immédiate selon la logique intuitive, pourrait être accomplie formellement en utilisant comme il faut R1, R2, R4 et R5. On a ainsi le théorème contradictoire :

$$(\exists x)((x \in x) \equiv \sim(x \in x)).$$

Cette difficulté, connue sous le nom de paradoxe de Russell, était surmontée dans les *Principia* à l'aide de la théorie des types de Russell. Simplifiée dans son application au présent système, la théorie fonctionne de la manière suivante. Il faut penser tous les objets comme stratifiés en ce que

---

1. R5 répond à la première partie de la règle (γ) de Bernays, dans le système de Hilbert et Ackermann, chap. 3, § 5, et R2 remplace (e) et (α).

l'on appelle des types, de telle sorte que le type le plus bas comprend les individus, le suivant les classes d'individus, le suivant les classes de ces classes, et ainsi de suite. Dans chaque contexte, chaque variable doit être pensée comme admettant des valeurs seulement d'un unique type. On impose, pour finir, la règle selon laquelle $(\alpha \in \beta)$ ne sera une formule que si les valeurs de β sont du type immédiatement supérieur à celui des valeurs de α; sinon $(\alpha \in \beta)$ est comptée comme ni vraie ni fausse, mais dépourvue de signification [1].

Dans tous les contextes, les types appropriés aux différentes variables sont en fait laissés non spécifiés; le contexte reste systématiquement ambigu, au sens où les types des variables dans un contexte peuvent être interprétés de n'im- **91** porte quelle manière conforme à l'exigence que « $\in$ » relie des variables de types ascendants consécutifs. Une expression qui serait une formule selon notre schème initial sera ainsi rejetée comme sans signification par la théorie des types seulement s'il n'existe absolument aucune manière d'assigner des types aux variables qui soit conforme à cette exigence sur « $\in$ ». Ainsi une formule en notre sens initial du terme va survivre à la théorie des types s'il est possible de remplacer les variables par des numéraux de manière à ce que « $\in$ » n'en vienne à avoir une occurrence que dans des contextes de la forme « $n \in n + 1$ ». Les formules qui passent ce test avec succès seront dites *stratifiées*. Ainsi les formules « $(x \in y)$ » et « $((x \in z) | (y \in z))$ » sont stratifiées, alors que « $(x \in x)$ » et « $((y \in x) | ((z \in y) | (z \in x)))$ » ne le sont pas. On doit se souvenir que les abréviations définitionnelles n'ont rien à voir avec le système formel, et que nous devons par conséquent développer une formule en notation primitive avant de la

---

1. En particulier, donc, β dans le contexte $(\alpha \in \beta)$ ne peut pas prendre d'individus comme valeur. Les considérations à l'origine de la note de la page 125, ci-dessus, sont ainsi rendues caduques par la théorie des types.

soumettre au test de la stratification. Ainsi, « $(x \subset x)$ » se trouve être stratifié, mais pas « $((x \in y) . (x \subset y))$ »[1].

Imposer la théorie des types à notre système consiste à expurger du langage toutes les formules non stratifiées, et ainsi à interpréter ϕ, ψ, etc., dans R1-5 comme des formules stratifiées, puis à ajouter l'hypothèse uniforme que l'expression à inférer en tant que théorème est aussi stratifiée. Cette façon de faire élimine le paradoxe de Russell et les paradoxes qui lui sont liés, en prévenant l'usage désastreux de formules non stratifiées comme « $\sim(y \in y)$ » pour ϕ dans R3.

Cependant la théorie des types a des conséquences peu naturelles et peu pratiques. Comme la théorie ne permet à une classe que d'avoir des membres de type uniforme, la classe universelle V donne lieu à une suite infinie de classes quasi universelles, une pour chaque type. La complémentation $-x$ cesse de comprendre tous les non-membres de x, et en vient à comprendre seulement les non-membres de x qui sont du type immédiatement inférieur à celui de x. Même la classe vide Λ donne lieu à une suite infinie de classes vides. L'algèbre booléenne des classes ne s'applique plus aux classes en général, mais est plutôt reproduite à l'intérieur de chaque type. La même chose est vraie du calcul des relations. Même l'arithmétique, lorsqu'on l'introduit par des définitions fondées sur la logique, se trouve être sujette à la même duplication. Ainsi les nombres cessent d'être uniques; un nouveau 0 apparaît pour chaque type, de même un nouveau 1, et ainsi de suite, exactement comme dans le cas de V et Λ. Non seulement tous ces clivages et duplications sont contre-intuitifs, mais ils

92

---

1. Si une lettre α apparaît dans ϕ à la fois en tant que variable liée et en tant que variable libre, ou en tant que liée par plusieurs quantificateurs, nous pouvons, lorsqu'on soumet ϕ au test de la stratification, traiter α comme si elle était une lettre différente en chacun de ces rôles. Mais notons que cette interprétation commodément libérale de la stratification n'est pas nécessaire, car le même résultat peut être obtenu en utilisant dès le départ différentes lettres dans ϕ. Suivre cette ligne rendrait nécessaire une révision de la convention dans la note de la page 129 plus haut.

nécessitent continuellement des manœuvres techniques plus ou moins sophistiquées pour rétablir les liens ainsi rompus.

Je vais maintenant suggérer une méthode permettant d'éviter les contradictions sans accepter la théorie des types ni les conséquences désagréables qu'elle entraîne. Alors que la théorie des types évite les contradictions en excluant entièrement les formules non stratifiées du langage, nous pourrions atteindre la même fin en continuant d'accepter les formules non stratifiées mais simplement en limitant de manière explicite R3 aux formules stratifiées. Par cette méthode, nous abandonnons la hiérarchie des types, et comprenons les variables comme ayant un parcours non restreint. Nous concevons notre langage logique comme contenant toutes les formules, au sens initialement défini ; et les ϕ, ψ, etc. de nos règles comme tenant lieu de formules quelconques en ce sens. Mais la notion de formule stratifiée, expliquée en termes simplement de remplacement de variables par des numéraux et dénuée de toute connotation de type, survit en un point : nous remplaçons R3 par la règle plus faible :

R3'. Si ϕ est stratifiée et ne contient pas « x »,
$(\exists x)(y)((y \in x) \equiv \phi)$ est un théorème.

Dans le nouveau système, il y a juste une algèbre booléenne générale des classes ; la complémentation $-x$ comprend *tout* ce qui n'appartient pas à x, la classe vide Λ est unique ; tout comme l'est la classe universelle V, à laquelle absolument tout appartient, y compris V elle-même[1]. Le calcul des relations

1. Puisque tout appartient à V, toutes les sous-classes de V peuvent être corrélées à des membres de V, à savoir elles-mêmes. Au regard, alors, de la preuve donnée par Cantor que les sous-classes d'une classe k ne peuvent être toutes corrélées à des membres de k, on pourrait espérer dériver une contradiction. Il n'est pas clair, cependant, que cela puisse être fait. La réduction à l'absurde de Cantor d'une telle corrélation consiste à former la classe h des membres de la classe initiale k qui n'appartiennent pas aux sous-classes dont ils sont les corrélats, puis à observer que la sous-classe h de k n'a pas de corrélat. Comme dans le cas présent k est V et le corrélat d'une sous-classe est cette sous-classe elle-même, la classe h devient la classe de toutes les sous-classes qui

réapparaît en tant qu'unique calcul général traitant des rela- **93** tions sans restriction. De même, les nombres retrouvent leur unicité, et l'arithmétique son applicabilité générale en tant qu'unique calcul. Les manœuvres techniques particulières rendues nécessaires par la théorie des types deviennent par conséquent superflues.

De fait, comme le nouveau système diffère du système incohérent initial seulement par le remplacement de R3 par R3', la seule restriction qui distingue le nouveau système de l'ancien est l'absence de toute garantie générale de l'existence de classes comme $\hat{y}(y \in y)$, $\hat{y} \sim (y \in y)$, etc., pour lesquelles les formules qui les définissent ne sont pas stratifiées. Dans le cas de certaines formules non stratifiées, l'existence des classes associées est en fait encore démontrable par des moyens détournés; ainsi R3' donne :

$$(\exists x)(y)((y \in x) \equiv ((z \in y) \mid (y \in w))),$$

et de cela nous pouvons, par les autres règles, accomplir l'inférence substitutionnelle

(1) $\qquad (\exists x)(y)((y \in x) \equiv ((z \in y) \mid (y \in z))),$

qui affirme l'existence de la classe $\hat{y}((z \in y) \mid (y \in z))$ dont la formule définissante n'est pas stratifiée. Mais il semble que nous ne pouvons prouver l'existence de classes associées à certaines formules non stratifiées, dont celles dont le paradoxe de Russell et d'autres contradictions similaires proviennent. À l'intérieur du système, évidemment, ces contradictions peuvent être utilisées pour réfuter explicitement, par réduction à l'absurde, l'existence des classes concernées.

La prouvabilité de (1) montre que la puissance déductive de ce système dépasse celle des *Principia*. L'axiome de l'infini en fournit cependant un exemple plus frappant, axiome

---

n'appartiennent pas à elles-mêmes. Mais R3' ne fournit aucune telle classe h. De fait, h serait $\hat{y} \sim (y \in y)$, dont l'existence est réfutée par le paradoxe de Russell. Pour approfondir cette question, voir mon [4].

qui doit être ajouté aux *Principia* pour rendre certains principes mathématiques usuels dérivables. Cet axiome affirme

94 qu'il y a une classe avec une infinité de membres. Mais, dans le présent système, une telle classe est disponible sans l'aide de cet axiome, à savoir la classe V, ou $\hat{x}(x=x)$. L'existence de V est garantie par R3'; qui garantit également l'existence d'une infinité de membres de V, à savoir Λ, $\{\Lambda\}$, $\{\{\Lambda\}\}$, $\{\{\{\Lambda\}\}\}$, et ainsi de suite.

REMARQUES SUPPLÉMENTAIRES

Dans les pages précédentes, l'usage des parenthèses, comme moyen d'indiquer les groupements attendus à l'intérieur des formules, a été introduit comme partie intégrante des différentes notations, primitives et définies. Le groupement en vient de cette manière à être indiqué automatiquement, sans besoin de conventions supplémentaires. Mais cette procédure, simple en théorie, donne lieu en pratique à une ribambelle de parenthèses qu'il est commode et courant de réduire judicieusement à un minimum. Dans ce qui suit, par conséquent, les parenthèses seront omises sauf lorsqu'une ambiguïté pourrait apparaître; de plus, pour faciliter la lecture, on troquera parfois les parenthèses survivantes contre des crochets. Mais le style plus mécanique des pages précédentes doit, par sa simplicité théorique, continué d'être tenu pour la notation littérale et stricte.

La notation primitive sous-jacente au développement précédent de la logique était triple, comprenant les notations d'appartenance, d'incompatibilité, et de quantification universelle. Or il mérite d'être noté que ce choix de primitifs n'était ni nécessaire, ni minimal. Nous aurions pu nous limiter à deux : les notations pour l'inclusion et l'abstraction qui furent définies en D17 et D11. Car, en prenant ces deux dernières comme point de départ, nous pourrions retrouver nos trois autres grâce à cette série de définitions, où « ζ » et « η »

doivent être compris comme se référant à n'importe quelle variable et aussi à n'importe quel terme formé par abstraction.

$$\phi \supset \psi \qquad \text{pour} \qquad \hat{\alpha}\phi \subset \hat{\alpha}\psi,$$

$$(\alpha)\phi \qquad \text{pour} \qquad \hat{\alpha}(\phi \supset \phi) \subset \hat{\alpha}\phi,$$

$$\sim\phi \qquad \text{pour} \qquad (\beta)(\hat{\alpha}\phi \subset \beta),$$

$$\phi | \psi \qquad \text{pour} \qquad \phi \supset \sim\psi,$$

$$\phi . \psi \qquad \text{pour} \qquad \sim(\phi | \psi),$$

$$\zeta = \eta \qquad \text{pour} \qquad \zeta \subset \eta . \eta \subset \zeta,$$

$$\{\zeta\} \qquad \text{pour} \qquad \hat{\alpha}(\alpha = \zeta),$$

$$\zeta \in \eta \qquad \text{pour} \qquad \{\zeta\} \subset \eta.$$

95

La première et la troisième des définitions précédentes mettent en jeu une astuce spéciale. La variable α n'est pas libre dans ϕ ou ψ; cela est garanti par la convention notée plus haut dans le commentaire sur D7 et D8. Ainsi $\hat{\alpha}\phi$ et $\hat{\alpha}\psi$ sont des abstracts « vides », comme « $\hat{x}(7 > 3)$ ». Or on peut vérifier à partir de la vieille définition D11 de l'abstraction qu'un abstract vide désigne V ou Λ selon que l'énoncé à l'intérieur de cet abstract est vrai ou faux. Ainsi $\phi \supset \psi$ défini comme plus haut affirme en effet que V ⊂ V (si ϕ et ψ sont vrais) ou Λ ⊂ V (si ϕ est faux et ψ vrai) ou V ⊂ Λ (si ϕ est vrai et ψ faux) ou Λ ⊂ Λ (si ϕ et ψ sont tous deux faux). Ainsi la définition rend $\phi \supset \psi$ vrai et faux dans les cas appropriés. À nouveau, la définition de $\sim\phi$ affirme que la classe nommée par l'abstract vide $\hat{\alpha}\phi$ est incluse dans toute classe, c'est-à-dire qu'elle est Λ; ainsi $\sim\phi$ reçoit le sens normal de la négation. Il est aisé de voir que les six autres définitions dotent les notions définies des sens attendus.

On a coutume, en logique, de penser l'inclusion comme s'appliquant uniquement aux classes; ainsi une question se pose concernant l'interprétation attendue de « $x \subset y$ », comme notation primitive de ce nouveau système, lorsque x et y sont des individus. Mais la réponse est déjà implicite dans la définition D7 du système précédent. Si nous étudions D7 à la lumière des remarques sur « $x \in y$ » au début de cet article, nous voyons que « $x \subset y$ » revient à « $x = y$ » pour les individus.

La fondation par l'inclusion et l'abstraction est plus élégante que la fondation tripartite préalable, mais la fondation tripartite a certains avantages. L'un d'eux est l'aisance avec laquelle nous avons été capables de glisser de R3 à R3' et de laisser tomber la théorie des types. Car, lorsque l'abstraction est définie comme en D11, nous sommes prêts à découvrir qu'un terme formé par abstraction à partir d'une phrase échoue parfois à désigner une classe ; et évidemment c'est ce qui arrive dans le système fondé sur R3'. Mais lorsque l'abstraction est primitive, il est moins naturel d'admettre qu'un terme formé 96 par abstraction échoue à désigner. La chose n'est pas impossible, cependant, et en fait un ensemble plutôt compact d'axiomes et de règles pour la logique fondée sur l'inclusion et l'abstraction sans types est disponible [1].

Un second avantage du fondement tripartite est que les trois notations primitives correspondent à trois parties de la logique qu'il est pratique de développer successivement : la théorie des fonctions de vérité, la théorie de la quantification et la théorie des classes. Ainsi, dans la logique exposée dans les pages antérieures de cet article, les principes propres à la théorie des fonctions de vérité sont procurés par R1 et R4 ; la théorie de la quantification est complétée par l'ajout de R2 et R5 ; et P1 et R3' (ou R3) appartiennent à la théorie des classes. Dans le système fondé sur l'inclusion et l'abstraction, les trois parties de la logique sont forcées de se bousculer en une unique fondation composite. Une raison pour souhaiter développer séparément les trois parties citées de la logique repose sur leurs contrastes méthodologiques : la première partie a une procédure de décision, la seconde est complétable mais n'a pas de

1. Dans les dernières pages de mon [6]. Pour des systématisations mettant en jeu des types, voir [5].

procédure de décision, et la troisième n'est pas complétable[1]. Une seconde raison est que, alors que les deux premières parties peuvent être développées de manière à ne pas présupposer de classes ou toute autre sorte particulière d'entités, la troisième ne le peut[2]; séparer les parties a par conséquent la vertu de séparer les engagements ontologiques. Une troisième raison est que, alors que les questions concernant les deux premières parties sont pour l'essentiel réglées, la troisième partie – la théorie des classes – reste dans un état spéculatif. Pour comparer les nombreuses théories des classes distinctes aujourd'hui disponibles ou restant à être conçues, il est commode d'être capable de tenir pour acquis le sol commun de la théorie des fonctions de vérité et de la théorie de la quantification, et de se concentrer sur les variations dans la théorie des classes proprement dite. Les principaux systèmes distincts de la théorie des classes n'invoquant pas de types peuvent en fait être obtenus juste en faisant varier R3'.

Un tel système, dû à Zermelo, date de 1908. Sa caractéristique principale est la règle de *Aussonderung* :

R3". Si ϕ ne contient pas « x », $(\exists x)(y)[y \in x \equiv (y \in z . \phi)]$ est un théorème.

En supposant donnée par avance une classe z, R3" garantit **97** l'existence de la classe des membres de z satisfaisant n'importe quelle condition souhaitée, stratifiée ou non. Cette règle nous permet d'argumenter en faveur de l'existence de classes contenues à partir de l'existence de classes contenantes, mais elle ne nous donne aucune classe pour commencer (excepté Λ, qui est obtenue en prenant ϕ comme fausse pour toutes les valeurs de « y »). Donc Zermelo doit ajouter à R3" d'autres postulats d'existence de classe. En conséquence, il ajoute des postulats particuliers garantissant l'existence de :

---

1. J'explique ces points brièvement dans [2], p. 82, 190, 245 *sq.* Ils sont dus essentiellement à Church [2] et à Gödel.

2. Voir l'essai suivant.

(2) $\{x, y\}$, $\hat{x}(\exists y)(x \in y \,.\, y \in z)$, $\hat{x}(x \subset y)$.

Pour cette théorie, V ne peut exister ; car, si z dans R3″ était choisi comme étant V, R3″ se réduirait à R3 et conduirait ainsi au paradoxe de Russell. De même, $-z$ ne peut jamais exister, quel que soit z ; car si $-z$ existait, alors il en irait de même pour $\{z, -z\}$ au regard de (2), et ainsi de même pour $\hat{x}(\exists y)(x \in y \,.\, y \in \{z, -z\})$, qui est V. Pour le système de Zermelo, aucune classe n'embrasse plus qu'une portion infinitésimale de l'univers du système.

Un autre système, dû à von Neumann[1], divise l'univers en choses qui peuvent être membres et choses qui ne peuvent l'être. Les premières, je les appelle des *éléments*. On adopte des postulats d'élémentarité d'un genre permettant, de fait, que ce qui existe pour Zermelo soit un élément pour von Neumann. Des postulats supplémentaires sont adoptés pour l'existence de classes en général, qu'elles soient des classes d'éléments ou non. Le résultat de ces postulats est de garantir l'existence de la classe de tous les *éléments* satisfaisant n'importe quelle condition ϕ dont les variables liées ne peuvent prendre que des éléments pour valeurs.

Au fil des années, depuis la première publication de la partie principale du présent essai, le système fondé sur P1, R1-2, R3′, et R4-5 en est venu à être désigné dans la littérature par NF (pour « Nouveaux fondements ») ; adoptons cet usage. NF a des avantages évidents sur le système de Zermelo, aussi bien en ce qui concerne la question de savoir quelles sont les classes qui existent pour NF qu'en ce qui concerne le caractère direct de sa règle d'existence de classes, qui évite les constructions laborieuses. Le système de von Neumann a, il est vrai, des avantages identiques ou plus grands concernant la question de l'existence de classes ; le caractère laborieux, quel

98 qu'il puisse être, qui s'attache aux preuves d'existence de

---

1. Bernays a donné à son système une forme qui se rapproche davantage de la structure de notre présentation.

classes dans le système de Zermelo se reporte cependant sur les preuves d'élémentarité dans le système de von Neumann.

Or il se trouve que nous pouvons multiplier nos avantages et en arriver à un système encore plus fort et plus commode en modifiant NF d'une manière analogue à celle par laquelle von Neumann modifia le système de Zermelo. J'appellerai ML le système qui en résulte, qui est celui de mon *Mathematical Logic*[1]. Dans ce dernier, R3' de NF est remplacée par deux règles, l'une d'existence de classes, l'autre d'élémentarité. La règle d'existence de classes garantit l'existence de la classe de tous les *éléments* satisfaisant n'importe quelle condition ϕ, stratifiée ou non; formellement, elle peut être obtenue simplement à partir de R3″ en remplaçant « $y \in z$ » par « $(\exists z)(y \in z)$ ». La règle d'élémentarité est telle qu'elle garantit l'élémentarité exactement des classes qui existent pour NF.

La supériorité de ML sur NF peut être bien illustrée si nous abordons brièvement la question des entiers naturels, c'est-à-dire 0, 1, 2, 3, … Supposons que nous ayons d'une manière ou d'une autre défini 0 et $x + 1$. Alors nous pourrions, en nous inspirant de Frege [1], définir un entier naturel comme n'importe quelle chose qui appartient à toute classe y telle que y contient 0 et contient $x + 1$ si elle contient x. C'est-à-dire, affirmer que z est un entier naturel est affirmer que

(3) $(y)([0 \in y \,.\, (x)(x \in y \supset x + 1 \in y)] \supset z \in y)$.

Il est évident que (3) devient vrai lorsque z est choisi parmi 0, 1, 2, 3, … Inversement, comme on peut le montrer, (3) devient vrai seulement lorsque z est choisi comme étant 0 ou 1 ou 2 ou 3 ou…; et l'argument en jeu revient à prendre le y de (3) en particulier comme la classe dont les membres sont exactement 0, 1, 2, 3, … Mais ce dernier argument est-il correct dans NF? Dans un système comme NF où certaines classes présumées existent et d'autres non, nous pouvons à bon droit nous demander s'il y a une classe dont les membres sont

---

1. Édition révisée, qui incorpore une correction importante due à Wang.

exactement 0, 1, 2, 3, … Si ce n'est pas le cas, alors (3) cesse d'être une traduction adéquate de « z est un entier naturel » ; (3) devient vrai de valeurs de « z » autres que 0, 1, 2, 3, … Dans ML, par contre, où 0, 1, 2, 3, … sont des éléments et où toutes les classes d'éléments peuvent être considérées comme existantes, un tel dilemme ne peut faire surface.

Le dilemme qui vient d'être présenté en termes intuitifs réapparaît, dans NF, au niveau des preuves formelles en relation avec *l'induction mathématique*. L'induction mathématique est la loi qui affirme que toute condition ϕ qui est vraie de 0, et qui est vraie de $x + 1$ lorsqu'elle est vraie de x, est vraie de tout entier naturel. La preuve logique de cette loi procède simplement en définissant « z est un entier naturel » par (3) et en prenant ensuite y dans (3) comme la classe des choses qui satisfont ϕ. Mais cette preuve échoue dans NF pour des ϕ non stratifiées, en l'absence de toute assurance qu'il y ait une classe d'exactement les choses satisfaisant ϕ. Dans ML, par contre, il n'y a pas de tel échec ; car, étant donnée n'importe quelle ϕ, stratifiée ou non, ML garantit l'existence de la classe de tous les éléments qui satisfont ϕ.

L'induction mathématique relativement à une ϕ non stratifiée peut être importante. Cela arrive, par exemple, dans la preuve qu'il n'existe pas de dernier entier naturel, c'est-à-dire que $z \neq z + 1$ pour tout z satisfaisant (3). Le théorème est disponible dans ML († 677), et est équivalent à l'affirmation († 670) que Λ ne satisfait pas (3). Dans NF nous pouvons prouver chacun des énoncés « $\Lambda \neq 0$ », « $\Lambda \neq 1$ », « $\Lambda \neq 2$ », « $\Lambda \neq 3$ », … et chacun de « $0 \neq 1$ », « $1 \neq 2$ », « $2 \neq 3$ », … *ad infinitum* ; mais aucune manière de prouver dans NF que Λ ne satisfait pas (3), ou de prouver que $z \neq z + 1$ pour tout z satisfaisant (3), n'est connue[1].

---

1. Pour plus d'informations à ce sujet, voir mon [7], et les références qui y sont données à Rosser et Wang. [Specker a maintenant des preuves ; voir *Proc. N. A. S.* (1953), p. 972 *sq.*].

Ainsi ML apparaîtrait comme essentiellement plus fort que NF. Mais une force supérieure s'accompagne du risque croissant d'incohérence cachée. C'est un réel danger. La première théorie des classes développée pleinement et rigoureusement, celle de Frege, était incohérente, comme le montra le paradoxe de Russell[1]. On a montré de la même manière, par le biais de preuves toujours plus subtiles et laborieuses, que différentes théories des classes plus récentes étaient incohérentes; tel, en particulier, fut le sort d'une version antérieure de ML lui-même[2]. Il est important, en conséquence, de rechercher des preuves de cohérence – bien **100** qu'il nous faille reconnaître que toute preuve de cohérence est relative, au sens où nous ne pouvons lui accorder plus de crédit que nous n'en accordons à la cohérence du système dans laquelle cette preuve de cohérence elle-même est conduite.

Il est particulièrement plaisant, par conséquent, de noter que Wang a montré que ML est cohérent si NF est cohérent. Cela signifie qu'il n'y a pas de raison de ne pas profiter de tout le luxe de ML comparé à NF. En même temps, cela donne un intérêt persistant à NF en tant que voie d'approche dans la recherche de la cohérence de ML; car NF, étant plus faible, devrait se prêter plus facilement à des preuves de cohérence relative que ML. Il serait encourageant de trouver la preuve, par exemple, que NF est cohérent si le système de von Neumann, ou mieux celui de Zermelo, est cohérent.

Une autre indication que NF est plus faible que ML, et qu'il devrait se prêter plus facilement à des preuves de cohérence relative, peut être vue dans le fait que Hailperin a montré que R3' – qui est en réalité un paquet infini de postulats – est équivalent à une liste finie de postulats. Le nombre en jeu est onze, mais le nombre de postulats d'une liste finie n'est pas significatif, car il peut être réduit à un par conjonction, P1 inclus. Cela signifie que NF se réduit simplement à la théorie

---

1. Cf. Frege [2], vol. 2, appendice.
2. Voir Rosser; et aussi Kleene et Rosser.

des fonctions de vérité et à la théorie de la quantification plus un unique postulat de la théorie des classes. D'un autre côté, aucune manière de réduire ML à la théorie des fonctions de vérité, à la théorie de la quantification et à une liste finie de postulats de la théorie des classes, n'a été découverte.

Il a été suggéré plus haut que ML entretient vis-à-vis de NF quelque chose comme le rapport que le système de von Neumann entretient avec celui de Zermelo. Mais il faut noter que ML surpasse le système de von Neumann relativement à la question de l'existence de classes. ML garantit l'existence de la classe des éléments satisfaisant absolument n'importe quelle condition ϕ alors que, dans le système de von Neumann, l'existence de la classe est sujette à la condition que les variables liées de ϕ soient restreintes aux éléments. C'est une restriction significative ; car une de ses conséquences est que le système de von Neumann, comme Mostowski l'a montré, est en butte, précisément, à la difficulté relative à l'induction mathématique notée plus haut pour NF. D'une certaine manière, par conséquent, le système de von Neumann **101** correspond en puissance plutôt à NF qu'à ML. Cette correspondance est aussi suggérée par le fait que le système de von Neumann ressemble à NF en ce qu'il est dérivable d'une liste finie de postulats ajoutée à la théorie des fonctions de vérité et de la quantification. Ainsi ML se distingue en tant que théorie des classes curieusement forte. La preuve donnée par Wang de la cohérence de ML relativement à NF est pour cette raison d'autant plus bienvenue.

VI

LA LOGIQUE
ET LA RÉIFICATION DES UNIVERSAUX

1

Il y a ceux qui pensent que notre capacité à comprendre les
termes généraux, et à voir qu'un objet concret ressemble à un
autre, serait inexplicable s'il n'existait pas d'universaux qui
soient objets d'appréhension. Et il y a ceux qui n'arrivent pas à
trouver qu'un tel recours à un royaume d'entités par-delà les
objets concrets situés dans l'espace et le temps ait une quelconque valeur explicative.

Sans résoudre ce problème, il devrait malgré tout être
possible de repérer certaines formes de discours qui présupposent *explicitement* des entités d'une espèce ou d'une autre,
disons des universaux, et ont pour but d'en traiter; il devrait
également être possible de repérer d'autres formes de discours
qui ne présupposent pas explicitement ces entités. Pour le
faire, on a besoin d'un critère, d'une norme d'engagement
ontologique, si l'on veut pouvoir dire de manière sensée
qu'une théorie donnée dépend ou se passe d'hypothèses à

propos de tels ou tels objets. Or, nous avons vu précédemment[1] qu'un tel critère se trouve ni dans les termes singuliers du discours, ni dans les prétendus noms, mais plutôt dans la quantification. Nous allons consacrer les pages qui suivent à un examen plus approfondi de ce point.

Les quantificateurs « $(\exists x)$ » et « (x) » signifient « il y a une certaine entité x telle que » et « toute entité x est telle que ». Ici, la lettre « x », qu'on appelle une variable liée, ressemble plutôt à un pronom; on s'en sert dans le quantificateur pour le rendre propre à un renvoi ultérieur, puis on s'en sert dans la suite du texte pour renvoyer au quantificateur approprié. La relation entre la quantification et les entités extérieures au langage, que ce soient des universaux ou des particuliers, consiste en ce que la vérité ou la fausseté d'un énoncé quantifié dépend d'ordinaire en partie de ce que l'on compte comme appartenant au domaine des entités appelées par les expressions « une entité x » et « chaque entité x » – ce qu'on appelle le domaine des valeurs de la variable. Que les mathématiques classiques traitent d'universaux ou affirment qu'il y a des universaux signifie simplement que les mathématiques classiques requièrent des universaux comme valeurs de leurs variables liées. Quand nous disons, par exemple,

$$(\exists x)(x \text{ est premier} . x > 1\,000\,000),$$

nous disons qu'*il y a* quelque chose qui est premier et qui excède un million; et une entité de ce genre est un nombre, donc un universel. De manière générale, *l'existence d'entités d'une certaine sorte est supposée par une théorie si, et seulement si, certaines d'entre elles doivent être comptées au nombre des valeurs des variables pour que les énoncés affirmés par la théorie soient vrais.*

Je ne suis pas en train de suggérer qu'il existe une dépendance de l'être par rapport au langage. Ce qu'il y a ne dépend pas, en général, de l'usage que l'on fait du langage, mais ce que l'on dit être en dépend.

Le critère d'engagement ontologique exprimé plus haut s'applique d'abord aux discours, et non aux hommes. Une des façons de ne pas partager les engagements ontologiques de son discours est, manifestement, d'adopter une attitude frivole. Un parent qui raconte l'histoire de Cendrillon ne s'engage pas plus à admettre, dans sa propre ontologie, une bonne fée et un carrosse en citrouille qu'à admettre que l'histoire est vraie. Une autre situation, plus sérieuse, où l'on se libère des engagements ontologiques de son discours est celle-ci : on montre comment un certain usage de la quantification, impliquant au premier abord un engagement envers certains objets, peut être développé en un idiome innocent de tels engagements. (Voir, par exemple, § 4 plus bas). Dans ce cas, on peut dire à bon droit des objets apparemment présupposés qu'on les a éliminés en les traitant comme des fictions commodes, des manières de **104** parler.

Les contextes de quantification, « $(x)(\ldots x \ldots)$ » et « $(\exists x)(\ldots x \ldots)$ », n'épuisent pas les façons dont une variable « x » peut se manifester dans le discours. La variable est également essentielle à l'idiome de la description singulière « l'objet x tel que… », à l'idiome de l'abstraction de classe « la classe de tous les objets x tels que… », et à d'autres idiomes. Cependant, l'usage quantificationnel des variables est exhaustif au sens où tout usage de variables liées y est *réductible*. Tout énoncé contenant une variable peut être traduit, selon des règles établies, en un énoncé où la variable a seulement un usage quantificationnel[1]. On peut rendre compte de tous les autres usages de variables liées comme des abréviations de contextes dans lesquels les variables figurent seulement comme variables de quantification.

Il est également vrai que tout énoncé contenant des variables peut être traduit, par d'autres règles, en un énoncé où

1. Voir plus haut, p. 129 *sq.*

les variables sont utilisées seulement pour l'abstraction de classe[1] ; et, par d'autres règles encore, en un énoncé où les variables sont utilisées seulement pour l'abstraction fonctionnelle (comme dans Church [1]). Quel que soit le rôle des variables considéré comme fondamental, nous pouvons toujours nous en tenir au critère d'engagement ontologique écrit en italique plus haut.

Une ingénieuse méthode inventée par Schönfinkel, et développée entre autres par Curry, se débarrasse complètement des variables en ayant recours à un système de constantes, appelées les combinateurs, qui expriment certaines fonctions logiques. Le critère d'engagement ontologique précédent n'est bien sûr pas applicable à un discours formulé en termes de combinateurs. Mais une fois que l'on connaît la méthode systématique pour traduire les énoncés avec combinateurs en énoncés avec variables et inversement, il n'y a pas de difficulté à concevoir un critère d'engagement ontologique équivalent pour le discours combinatoire. Les entités présupposées par les énoncés qui utilisent les combinateurs, si l'on suit ce raisonnement, s'avèrent être précisément les entités qui doivent être comptées comme arguments ou valeurs de fonctions afin que les énoncés en question soient vrais.

105   Mais c'est à la forme familière du discours quantificationnel que notre critère d'engagement ontologique s'applique primitivement et fondamentalement. Affirmer la correction du critère pour cette application revient à dire qu'il n'est fait nulle distinction entre le « il y a » de « il y a des universaux », « il y a des licornes », « il y a des hippopotames » et le « il y a » de « $(\exists x)$ », « il y a des entités x telles que ». Mettre en question le critère pour son application à la forme familière du discours quantificationnel revient à dire ou bien que la notation familière de la quantification est réutilisée dans un sens nouveau (auquel cas nous n'avons pas besoin de nous sentir concernés), ou bien que le familier « il y a » de « il y a des

---

1. Voir plus haut, p. 140 *sq.*

universaux » et autres est réutilisé dans un sens nouveau (auquel cas, derechef, nous n'avons pas besoin de nous sentir concernés).

Si ce que nous voulons est une norme pour nous diriger dans l'évaluation des engagements ontologiques de l'une ou l'autre de nos théories et dans la modification de ces engagements par la révision de nos théories, alors le critère dont nous disposons est bien adapté à nos objectifs ; car la forme quantificationnelle est une forme de référence commode pour formuler une théorie. Si nous préférons une autre forme de langage, par exemple, celle des combinateurs, nous pouvons toujours mettre en œuvre notre critère d'engagement ontologique pour autant que nous acceptons les corrélations systématiques appropriées entre les idiomes du langage aberrant et ceux du langage familier de la quantification.

L'usage polémique du critère est une autre affaire. Considérons ainsi un homme qui professe le rejet les universaux mais qui continue à utiliser sans scrupules tout l'appareil discursif que le plus généreux des platoniciens s'accorderait. Il peut, si nous lui appliquons notre critère d'engagement ontologique, protester en disant que les engagements malheureux que nous lui imputons reposent sur des interprétations non attendues de ses énoncés. Légalement, sa position est inattaquable, tant qu'il se contente de nous priver d'une traduction sans laquelle nous ne pouvons espérer comprendre ce qu'il veut dire. Il n'est pas étonnant que nous ne sachions quels objets un discours donné présuppose s'il nous manque toute idée sur la façon dont ce discours se traduit dans le genre de langage auquel « il y a » appartient.

Il y a également les champions philosophiques du langage **106** ordinaire. Leur langage est par excellence l'un de ceux auxquels « il y a » appartient, mais ils regardent d'un œil soupçonneux un critère d'engagement ontologique qui dépend d'une traduction réelle ou imaginée des énoncés dans la forme quantificationnelle. Le problème ici provient de ce que l'usage idiomatique de « il y a » dans le langage ordinaire ne connaît pas de limites comparables à celles auxquelles on peut raisonnablement se conformer dans un discours scientifique laborieusement formulé en termes quantificationnels. Or, si une préoccupation philologique concernant l'usage non philosophique des mots est exactement ce qui est de mise dans de nombreuses recherches estimables, elle néglige, parce qu'elle ne le considère pas comme pertinent, un aspect important de l'analyse philosophique – l'aspect créatif, qui est impliqué par le raffinement progressif du langage scientifique. Sous cet aspect de l'analyse philosophique, toute révision des formes notationnelles et des usages qui simplifie la théorie, qui facilite les calculs et qui élimine une perplexité philosophique est volontiers adoptée tant que tous les énoncés de la science peuvent être traduits dans l'idiome révisé sans perte de contenu pertinent pour l'entreprise scientifique. Le langage ordinaire reste en réalité fondamental, non seulement au plan de la genèse, mais aussi comme médium pour la clarification finale, même si c'est par une paraphrase élaborée, de ces usages plus artificiels. Mais ce n'est pas par le langage ordinaire, c'est plutôt par l'un ou l'autre des raffinements existants ou suggérés du langage scientifique, que nous sommes concernés quand nous exposons les lois de l'inférence logique ou bien des analyses comme celle que Frege a faite des entiers, Dedekind des nombres réels, Weierstrass des limites ou encore Russell des descriptions singulières[1]. Et c'est seulement dans cet esprit, par référence à telle ou telle schématisation logique réelle ou imaginée de telle ou telle partie ou de l'ensemble de la science, que nous pouvons en toute correction examiner les présuppositions ontologiques. Les adeptes philosophiques du langage ordinaire ont raison de douter de l'adéquation définitive d'un quelconque critère des présuppositions ontologiques du langage ordinaire, mais ils ont tort de supposer qu'il

---

1. Voir plus bas, p. [165] *sq.*

n'y a rien de plus à ajouter sur la question philosophique des présuppositions ontologiques.

D'une manière relâchée, nous pouvons souvent parler de 107 présuppositions ontologiques au niveau du langage ordinaire, mais cela n'a de sens que si nous avons à l'esprit une manière plus plausible, plus évidente, de schématiser le discours en question conformément à la quantification. C'est ici que le « il y a » du français ordinaire propose ses services de guide faillible – un guide bien trop faillible si nous le suivons comme de purs philologues, en oubliant la voie si bien tracée de la schématisation logique.

Dans le cas d'un langage vraiment étranger L, il peut arriver que, en dépit de l'effort le plus sympathique, nous ne puissions accorder la plus sommaire et la plus vague des significations à son engagement ontologique. Il peut très bien ne pas y avoir de façon objective de corréler L avec notre type familier de langage de manière à déterminer dans L un analogue solide à la quantification, ou à notre « il y a ». Une telle corrélation peut être inaccessible, même à un homme qui est locuteur natif dans les deux langues et qui peut interpréter des paragraphes sérieusement dans un sens comme dans l'autre. Dans ce cas, chercher l'engagement ontologique de L revient à projeter une caractéristique provinciale du schème conceptuel de notre espace culturel au-delà des frontières où il a sa pertinence. L'entité, l'objectualité, sont étrangères au schème conceptuel du L-locuteur.

2

Dans la logique de la quantification, telle qu'elle est formulée d'ordinaire, les principes sont exposés dans ce style :

(1) $[(x)(Fx \supset Gx) . (\exists x) Fx] \supset (\exists x) Gx.$

« Fx » et « Gx » occupent la place de phrases quelconques, par exemple « x est une baleine » et « x nage ». Les lettres « F » et

« *G* » sont parfois considérées comme des variables prenant des attributs ou des classes comme valeurs, par exemple la balénitude (*whalehood*) et la nageance (*swimmingness*), ou l'espèce des baleines et la classe des choses qui nagent. Maintenant, ce qui distingue les attributs des classes est simplement le fait que, tandis que les classes sont identiques quand elles ont les mêmes membres, des attributs peuvent être distincts alors qu'ils sont présents exactement dans les mêmes choses. Par conséquent, si nous appliquons la maxime de **108** l'identification des indiscernables[1] à la théorie de la quantification, nous sommes conduits à interpréter les valeurs de « *F* », « *G* », etc., plutôt comme des classes que comme des attributs. Les expressions constantes dont « *F* », « *G* », etc., occupent la place, à savoir les prédicats ou les termes généraux comme « est une baleine » et « nage », en viennent par la suite à être conçues comme des noms de classes ; car les choses dont les noms de variable occupent la place sont les valeurs des variables. C'est à Church [6] que l'on doit, en outre, cette intéressante suggestion selon laquelle, alors que les classes sont ce que désignent les prédicats, on peut considérer que les attributs sont plutôt leurs significations.

Mais la meilleure voie n'est pourtant pas celle-là. Nous pouvons considérer (1) et les autres formes valides similaires simplement comme des schémas ou des diagrammes contenant la forme de plusieurs énoncés, par exemple :

(2) $[(x)(x \text{ a une masse} \supset x \text{ est étendu}).(\exists x) (x \text{ a une masse})]$
$$\supset (\exists x) (x \text{ est étendu}).$$

Il n'y a pas besoin de voir les expressions « a une masse » et « est étendu » de (2) comme des noms de classes ou de quoi que ce soit d'autre, et il n'y a pas besoin de voir les symboles « *F* » et « *G* » de (1) comme des variables prenant des classes ou quoi que ce soit d'autre comme valeurs. Car souvenons-nous de notre critère d'engagement ontologique : une entité est présup-

1. Voir plus haut, p. 112.

posée par une théorie si et seulement si elle est requise parmi les valeurs des variables liées afin de rendre vrais les énoncés affirmés par la théorie. « *F* » et « *G* » ne sont pas des variables liables, et par conséquent, il n'y a pas besoin de les considérer autrement que comme des pseudo-variables, des blancs dans le diagramme d'une phrase.

Dans la partie la plus élémentaire de la logique, c'est-à-dire la logique des fonctions de vérité[1], les principes sont communément exposés en utilisant «*p*», «*q*», etc., à la place des énoncés composants ; par exemple, « $[(p \supset q) . \sim q] \supset \sim p$ ». Les lettres «*p*», «*q*», etc., sont parfois conçues comme prenant pour valeurs des entités d'une certaine sorte ; et, puisque les expressions constantes dont «*p*», «*q*» occupent la place sont des énoncés, ces valeurs supposées doivent être des entités dont les énoncés sont les noms. Ces entités ont parfois été appelées des *propositions*. Dans cet usage, le mot «proposition» n'est pas synonyme d'«énoncé» (comme il l'est en général) mais réfère plutôt à des entités abstraites hypothétiques d'une certaine sorte. Pour d'autres, en particulier pour **109** Frege, les énoncés sont considérés comme nommant toujours l'une ou l'autre de ces deux entités qu'on appelle les valeurs de vérité : le vrai et le faux. Ces deux voies sont artificielles, mais, des deux, celle de Frege est préférable en raison de sa conformité à la maxime de l'identification des indiscernables. Les propositions, s'il faut en avoir, sont mieux conçues comme étant les *significations* des énoncés, ainsi que Frege l'indiqua, et non comme ce qui est nommé par les énoncés.

Cependant la meilleure voie est de revenir à la conception du sens commun selon laquelle les noms sont une sorte d'expression et les énoncés une autre. Il n'y a pas besoin de concevoir les énoncés comme des noms, pas plus que de concevoir «*p*», «*q*», etc., comme des variables qui prennent comme valeurs les entités nommées par les énoncés ; car on ne se sert pas de «*p*», «*q*», etc., comme de variables liées par des

1. Voir plus haut p. 128.

quantificateurs. Nous pouvons concevoir « p », « q », etc., comme des lettres schématiques comparables à « F », « G », etc.; et nous pouvons concevoir « $[(p \supset q) . {\sim}q] \supset {\sim}p$ », de même que (1), non pas comme un énoncé mais comme un schéma ou un diagramme tel que tous les énoncés concrets de cette forme sont vrais. Les lettres schématiques « p », « q », etc., figurent dans les schémas pour occuper la place d'énoncés composants, exactement comme les lettres schématiques « F », « G », etc., figurent dans les schémas pour occuper la place de prédicats; et il n'y a rien dans la logique des fonctions de vérité et de la quantification qui nous engage à concevoir les énoncés ou les prédicats comme les noms de quelconques entités, ou qui nous engage à concevoir ces lettres schématiques comme des variables prenant de telles entités comme valeurs. C'est seulement la variable liée qui exige des valeurs.

Interrompons notre progression de manière à clarifier suffisamment les distinctions essentielles. Considérons les expressions :

$$x+3>7, \qquad (x)(Fx \supset p).$$

La première est une phrase. Ce n'est effectivement pas une phrase *close*, ou énoncé, en raison du « x » libre; mais c'est une phrase ouverte, susceptible d'apparaître dans un contexte de quantification pour former une partie d'énoncé. L'autre expression, « $(x)(Fx \supset p)$ », n'est pas une phrase du tout, mais un schéma, si l'on adopte à l'égard de « F » et « p » l'attitude recommandée dans le paragraphe précédent. Le schéma « $(x)(Fx \supset p)$ » ne peut être enchâssé dans une quantification pour former une partie d'énoncé, car les lettres schématiques ne sont pas des variables liables.

110   La lettre « x » est une variable liable – une variable dont les valeurs, nous pouvons le supposer provisoirement pour l'exemple « $x+3>7$ », sont des nombres. La variable occupe la place de *noms* de nombres, par exemple, de numéraux arabes; les *valeurs* de la variable sont les nombres eux-mêmes.

Or, exactement comme la lettre « x » occupe la place de numéraux (et d'autres noms de nombres), la lettre « p » occupe la
place d'énoncés (et de phrases en général). Si les énoncés,
comme les numéraux, étaient considérés comme les noms
de certaines entités, et si la lettre « p », comme « x », était
considérée comme une variable liable, alors les *valeurs* de
« p » seraient les entités dont les noms sont les énoncés. Mais si
nous traitons « p » comme une lettre schématique, un pseudo-
énoncé qui n'est pas liable [*unbindable dummy statement*],
alors nous écartons l'idée des énoncés comme noms. Il reste
vrai que « p » occupe la place d'énoncés comme « x » occupe la
place de numéraux ; mais alors que « x », qui est liable, a des
nombres comme valeurs, « p », qui ne l'est pas, n'a pas de
valeurs du tout. Les lettres ont le statut d'authentiques
variables, demandant un royaume d'objets pour valeurs,
seulement s'il est permis de les lier de manière à produire de
véritables énoncés à propos de ces objets.

« F » a le même statut que « p ». Si les prédicats sont
considérés comme les noms de certaines entités et si la lettre
« F » est traitée comme une variable liable, alors les valeurs de
« F » sont les entités dont les prédicats sont les noms. Mais si
nous traitons « F » comme une lettre schématique, un pseudo-
prédicat qui n'est pas liable, alors nous écartons l'idée de
considérer les prédicats comme des noms et de supposer des
valeurs à « F ». « F » occupe simplement la place de prédicats ;
ou, pour parler en termes plus fondamentaux, « Fx » occupe la
place de phrases.

Si, en fin de compte, nous ne nous préoccupions pas d'utiliser « x » en liaison explicite ou implicite avec des quantificateurs, alors le statut schématique recommandé pour « p » et
« F » serait également valable pour « x ». Cela signifierait que
l'on traiterait « x » dans « $x+3>7$ » et dans les contextes
semblables comme un pseudo-numéral, écartant l'idée selon
laquelle il existe des nombres que les numéraux nomment.
Dans ce cas, « $x+3>7$ » deviendrait, comme « $(x)\,(Fx \supset p)$ »,

un pur schéma ou un pseudo-énoncé, qui possède la forme des authentiques énoncés (tels que « $2+3>7$ ») mais qui n'est pas susceptible de devenir un énoncé en étant quantifié.

Les deux expressions précédentes « $x+3>7$ » et « (x) $(Fx \supset p)$ » ont un statut radicalement différent de celui d'expressions comme :

(3) $(\exists \alpha)(\phi \vee \psi)$

au sens de l'essai V. L'expression (3) occupe, pour ainsi dire, un niveau sémantique immédiatement supérieur à celui de « $x+3>7$ » et « (x) $(Fx \supset p)$ » : elle joue le rôle de nom *de* phrases, ou vient à le jouer dès que nous arrêtons un choix particulier d'expressions comme références des lettres grecques. Un schéma tel que « $(x)(Fx \supset p)$ », au contraire, n'est pas un nom de phrase, n'est pas le nom de quoi que ce soit; c'est *lui-même* une pseudo-phrase expressément conçue pour rendre manifeste la forme qui apparaît dans des phrases différentes. Les schémas sont aux phrases non pas ce que les noms sont à leurs objets, mais ce que les fausses pièces sont aux authentiques.

Les lettres grecques, comme « x », sont des variables, mais des variables qui résident dans une portion du langage conçue spécialement pour parler *du* langage. Nous venons de considérer « x » comme une variable qui prend des nombres pour valeurs, et donc qui occupe la place de noms de nombres; maintenant, de la même manière, les lettres grecques sont des variables qui prennent des phrases ou d'autres expressions pour valeurs et qui occupent donc la place de *noms* (par exemple, de citations) *de* ces expressions. Notons que les lettres grecques sont d'authentiques variables liables que l'on peut construire avec des quantificateurs exprimés verbalement comme « quel que puisse être l'énoncé ϕ », « il y a un énoncé ψ tel que ».

Aussi, « ϕ » se distingue-t-il de « p » par deux traits essentiels. D'abord, « ϕ » est une variable, qui prend des phrases pour valeurs; «*p*», dans une analyse schématique, n'est pas une variable du tout, si celle-ci doit prendre une valeur. Ensuite, « ϕ », du point de vue grammatical, est un substantif puisqu'elle prend la place de noms de phrases; «*p*», du point de vue grammatical, est une phrase puisqu'elle prend la place de phrases.

Ce dernier point est dangereusement obscurci par l'usage (3) qui place les lettres grecques « ϕ » et « ψ » en position de phrases plutôt que de substantifs. Mais, hors du cadre de la convention particulière et artificielle de l'essai V (p. 126) à propos de l'enchâssement des lettres grecques dans les signes du langage logique, cet usage n'aurait aucun sens. Selon cette convention, (3) est une abréviation pour le substantif suivant, qui, lui, est tout à fait clair:

le résultat du remplacement des blancs dans « $(\exists\ )(\ \vee\ )$ » respectivement par la variable α et les phrases ϕ et ψ.

Ici, les lettres grecques apparaissent clairement en position substantive (*noun position*), (référant *à* une variable et à deux **112** énoncés), et le tout est lui-même un substantif (*noun*). Dans certains de mes écrits, par exemple dans [1], j'ai tenu à amender l'usage trompeur (3) avec un dispositif de sécurité qui a la forme d'un genre de guillemets modifiés, ce qui donne:

$$\lceil (\exists\alpha)(\phi\vee\psi)\rceil.$$

Ces signes suggèrent à juste titre que l'ensemble de l'expression est, comme une citation ordinaire, un substantif qui réfère *à* une expression; en outre, ils isolent visiblement les portions de texte où l'usage combiné des lettres grecques et des signes logiques doit faire l'objet d'une interprétation particulière. Dans la littérature, toutefois, ces quasi-guillemets sont le plus fréquemment absents. L'usage de la plupart des logiciens soucieux de préserver les distinctions sémantiques est celui qui est illustré dans l'essai V (bien que, en général, ils utilisent des lettres gothiques ou latines en caractère gras plutôt que des lettres grecques).

Nous en avons dit assez à propos de l'usage des lettres grecques. Il réapparaîtra comme un expédient pratique dans les § 5-6, mais sa pertinence ici revient simplement à son manque de pertinence. La distinction qui nous intéresse vraiment dans les pages présentes, celle entre une phrase et un schéma, n'est pas la distinction entre l'usage et la mention des expressions; son importance réside tout à fait ailleurs. L'importance qu'il y a à conserver un statut schématique à «p», «q», etc., et «F», «G», etc., plutôt que de traiter ces lettres comme des variables liables est que, de cette façon (a) il nous est interdit de quantifier sur ces lettres et (b) nous pouvons nous dispenser de concevoir les énoncés et les prédicats comme les noms de quoi que ce soit.

3

Le lecteur doit sûrement déjà penser que la recommandation d'un statut schématique pour «p», «q», etc., et «F», «G», etc., est motivée par le pur refus d'admettre des entités comme les classes et les valeurs de vérité. Mais ce n'est pas vrai. Comme nous allons le voir maintenant, il peut y avoir de bonnes raisons d'admettre de telles entités, d'admettre des noms pour les nommer et d'admettre des variables liables qui prennent de telles entités – des classes, en tous cas – pour valeurs. Mon objection présente s'adresse seulement à l'idée

113 de traiter les énoncés et les prédicats eux-mêmes comme les noms de telles entités, et donc d'identifier les «p», «q», etc., de la théorie des fonctions de vérité et les «F», «G», etc., de la théorie de la quantification, à des variables liables. Nous disposons de «x», «y», etc., pour les variables liables, et si nous cherchons à distinguer entre les variables d'individus et les variables de classes ou de valeurs de vérité, nous pouvons ajouter un alphabet distinct; mais il y a des raisons pour

conserver à « p », « q », etc., et « F », « G », etc., leur statut schématique.

L'une de ces raisons est qu'interpréter « Fx » comme affirmant l'appartenance de x à une classe peut, dans beaucoup de théories des classes, mener à une impasse technique. Car il existe des théories des classes dans lesquelles toute condition exprimable sur x ne détermine pas une classe, et des théories dans lesquelles tout objet n'est pas qualifié pour appartenir à des classes [1]. Dans une théorie de ce genre, « Fx » peut représenter n'importe quelle condition sur n'importe quel objet x, alors que « $x \in y$ » ne le peut pas.

Mais le principal inconvénient à assimiler les lettres de schéma à des variables liées est que cela conduit à une mauvaise évaluation des engagements ontologiques de la plupart de nos discours. Quand nous disons que certains chiens sont blancs,

(4) $(\exists x)(x$ est un chien $. x$ est blanc$)$,

nous ne nous engageons pas à l'existence d'entités abstraites comme l'espèce des chiens ou la classe des choses blanches [2]. Il est donc trompeur d'analyser les mots « chien » et « blanc » comme les noms de telles entités. Or, c'est précisément ce que nous faisons si, quand nous représentons la forme de (4) par « $(\exists x)(Fx . Gx)$ », nous concevons « F » et « G » comme des variables de classes liables.

Nous pouvons bien sûr passer à la forme explicite « $(\exists x)(x \in y . x \in z)$ » si nous voulons vraiment disposer de variables de classes pour le liage. (Nous pouvons également, au lieu de « y » et « z », nous servir d'un style distinct de variable de classes). Bien que nous ne reconnaissions pas les termes généraux « chien » et « blanc » comme des noms de l'espèce des chiens et de la classe des choses blanches, de véritables noms pour ces entités abstraites ne sont pas difficiles à

---

1. Voir, par exemple, p. 137, 142 $sq.$
2. Voir plus haut, p. 40.

trouver : les termes singuliers « l'espèce des chiens » et « la classe des choses blanches ». Il est tout à fait correct de substituer les termes singuliers qui nomment des entités aux variables qui admettent ces entités comme valeurs ; et par conséquent nous avons :

(5) $(\exists x)(x \in$ l'espèce des chiens $.\ x \in$ la classe des choses blanches)

comme instance de la forme « $(\exists x)(x \in y.x \in z)$ ». (5) est également, tout comme (4), une instance de la forme « $(\exists x)(Fx.Gx)$ » ; mais (4) n'est pas une instance de la forme « $(\exists x)(x \in y.x \in z)$ ».

Je reconnais que (4) et (5), considérés comme des touts, sont des énoncés équivalents. Mais ils diffèrent en ce que (4) appartient franchement à la partie du langage qui est neutre concernant la question de l'existence des classes, tandis que (5) est spécialement conçu pour s'adapter à la partie supérieure du langage dans laquelle on considère les classes comme des valeurs de variables. (5) lui-même se trouve être simplement un spécimen dégénéré de cette partie supérieure du langage, et ce à double titre ; il ne contient en fait pas de quantification sur les classes, et pris comme un énoncé entier, il est équivalent à (4).

L'assimilation des lettres schématiques à des variables liées, contre laquelle je me suis élevé, doit malgré tout se voir attribuer une certaine utilité si nous voulons passer du domaine ontologiquement innocent de la logique élémentaire à une théorie des classes ou d'autres entités abstraites avec un minimum d'attention. On peut trouver cela souhaitable soit pour un vil motif de dissimulation soit pour un motif plus noble de spéculation sur les origines. Guidé par ce second motif, j'utiliserai en fait la procédure dans les § 4-5. Mais la procédure n'a d'utilité pour cet objectif qu'en raison précisément de ses défauts.

Le fait que les classes *sont* des universaux, ou des entités abstraites, est parfois obscurci quand on en parle comme de simples agrégats ou collections, assimilant ainsi une classe de pierres, disons, à un tas de pierres. Le tas est en effet un objet concret, aussi concret que les pierres qui le composent ; mais la classe des pierres du tas ne peut être correctement identifiée avec le tas. Car, s'il en était ainsi, de la même façon, une autre classe pourrait être identifiée avec le même tas : la classe des molécules des pierres du tas. Mais en réalité ces classes doivent rester distinctes ; car nous voulons dire que l'une a seulement, disons, une centaine de membres, tandis que l'autre en a des milliards. Les classes, par conséquent, sont des entités abstraites ; nous pouvons les appeler agrégats ou **115** collections si cela nous plaît, mais ce sont des universaux. Enfin, s'il y a des classes.

Il y a des occasions qui appellent très directement un discours sur les classes[1]. Ainsi, quand nous définissons ce qu'est un ancêtre en termes de ce qu'est un parent, par la méthode de Frege : x est un ancêtre de y si x appartient à *toute classe* qui contient y et tous les parents de ses propres membres[2]. Il y a donc de sérieuses raisons pour quantifier sur les classes ; et, à un degré égal, il y a une place pour les termes singuliers qui nomment des classes – des termes singuliers comme « l'espèce des chiens » ou « la classe des ancêtres de Napoléon ».

Refuser aux termes généraux ou aux prédicats le statut de nom de classes n'est pas nier qu'il existe souvent (ou toujours, en dehors des univers des théories des classes mentionnés deux pages plus haut) des classes qui sont liées aux prédicats par une autre relation que celle qui existe entre un nom et ce qu'il nomme. Il arrive en certaines occasions que l'on parle de l'*extension* d'un terme général ou d'un prédicat – la classe de toutes les choses dont le prédicat est vrai. C'est par exemple le

---

1. Voir plus haut, p. 38 *sq.*
2. Notons l'analogie entre cette définition et (3) de p. 145.

cas quand nous traitons de la validité des schémas de la théorie pure de la quantification; car un schéma quantificationnel est valide s'il s'avère vrai pour toutes les valeurs de ses variables libres (mais liables), sous toute assignation de classes comprises comme extensions des lettres schématiques de prédicat. La théorie générale de la validité quantificationnelle fait donc appel aux classes, mais les énoncés individuels représentés par les schémas de quantification ne les requièrent pas; l'énoncé (4), en lui-même, n'implique nul appel à l'extension abstraite d'un prédicat.

De la même façon, il y a des occasions, en théorie de la validité, où l'on parle des valeurs de vérité des énoncés, par exemple, quand on définit la validité véri-fonctionnelle. Mais il n'est nullement requis de traiter les énoncés comme des noms de ces valeurs, ni même de les traiter comme des noms. Quand nous affirmons simplement un énoncé, nous ne faisons pas, de ce fait, appel à des entités comme les valeurs de vérité, à moins que l'énoncé porte spécialement sur ce sujet.

Il peut certes s'avérer commode et élégant, dans des systèmes spéciaux, de réinterpréter les énoncés comme des **116** noms – par exemple les noms de 2 et 1, comme dans le système de Church [1]. Il est peut-être mieux de considérer qu'il s'agit de faire jouer le rôle d'énoncés aux noms de 2 et 1, pour le système spécial; et je n'ai rien à redire à cela. De la même façon, on peut décrire la théorie de Frege comme faisant jouer à ses termes singuliers, plus l'appartenance, le rôle des termes généraux; et de nouveau, en tant qu'il s'agit d'une simple façon d'absorber une logique inférieure dans un système particulier de logique supérieure par souci d'élégance, il n'y a rien à redire à cela. Les systèmes spéciaux mis à part, cependant, il est manifestement souhaitable d'analyser un discours de sorte que des présuppositions ontologiques spéciales ne soient pas attribuées à des parties de discours qui en sont innocentes.

La majeure partie du raisonnement logique se déroule à un niveau qui ne présuppose pas d'entités abstraites. Ce raisonnement provient pour l'essentiel de la théorie de la quantification dont les lois peuvent être représentées par des schémas qui n'impliquent pas de quantification sur les variables de classes. La plus grande partie de ce qui est d'ordinaire formulé en termes de classes, de relations et même de nombres, peut être facilement reformulé schématiquement à l'intérieur de la théorie de la quantification, en ajoutant éventuellement la théorie de l'identité[1]. Je considère donc comme un défaut qu'une formulation générale de la théorie de la référence décrive notre discours comme faisant référence à des entités abstraites dès le départ plutôt que seulement quand il y a vraiment intention d'y référer. D'où mon souhait de maintenir la distinction entre les termes généraux et les termes singuliers abstraits.

Même dans la théorie de la validité, il se trouve que l'appel aux valeurs de vérité des énoncés et aux extensions des prédicats peut être finalement éliminé. Car la validité vérifonctionnelle peut être redéfinie par la méthode tabulaire de calcul, qui nous est familière, et la validité en théorie de la quantification peut être redéfinie en faisant simplement appel aux règles d'inférence (puisque Gödel [1] a prouvé leur complétude). Voilà un bon exemple d'élimination de présuppositions ontologiques, dans un domaine particulier.

En général, il est important, je pense, de montrer comment les objectifs d'un certain segment des mathématiques peuvent être remplis avec une ontologie réduite, tout comme il est important de montrer comment, en mathématiques, une preuve jusque-là non-constructive peut être effectuée de manière constructive. L'intérêt de ce type de progrès ne repose pas plus sur une intolérance radicale à l'égard des entités 117 abstraites qu'il ne repose sur une intolérance radicale à l'égard des preuves non-constructives. La chose importante est de

1. Voir plus bas, p. 182.

comprendre notre instrument; d'avoir l'œil sur les diverses présuppositions des diverses parties de notre théorie, et de les réduire quand cela nous est possible. Ainsi nous serons le mieux préparés à découvrir, le cas échéant, que nous pouvons globalement nous dispenser d'une hypothèse dont le caractère *ad hoc* et contre-intuitif nous était toujours resté sur le cœur.

4

Il se peut qu'une théorie qui ne traite de rien d'autre que d'individus concrets puisse commodément être réinterprétée comme traitant d'universaux, par la méthode de l'identification des indiscernables. Considérons ainsi une théorie où les corps sont comparés du point de vue de leur longueur. Les valeurs des variables liées sont les objets physiques, et le seul prédicat est « *L* » où « *Lxy* » signifie « *x* est plus long que *y* ». Maintenant, s'il est vrai que ~*Lxy*. ~*Lyx*, tout ce qui est vrai de *x* dans cette théorie l'est également de *y*, et réciproquement. Il est donc commode de traiter « ~*Lxy*. ~*Lyx* » comme « *x* = *y* ». Une telle identification revient à réinterpréter les valeurs de nos variables comme des universaux, à savoir comme des longueurs, et non plus comme des objets physiques.

On peut tirer un autre exemple d'identification des indiscernables de la théorie des *inscriptions*, une syntaxe formelle dans laquelle les valeurs des variables liées sont des inscriptions concrètes. Le prédicat important est ici « *C* », « *Cxyz* » signifiant que *x* consiste en une partie notationnellement semblable à *y* suivie par une partie notationnellement semblable à *z*. La condition d'interchangeabilité ou d'indiscernabilité s'avère être, dans cette théorie, la ressemblance notationnelle, que l'on peut exprimer ainsi :

$$(z)(w)(Cxzw \equiv Cyzw . Czxw \equiv Czyw . Czwx \equiv Czwy).$$

En traitant cette condition comme « $x = y$ », nous transformons notre théorie des inscriptions en une théorie des formes notationnelles, où les valeurs des variables ne sont plus les inscriptions individuelles mais les formes notationnelles abstraites des inscriptions.

Cette méthode d'abstraction des universaux est tout à fait compatible avec le nominalisme, la position philosophique selon laquelle il n'y a en réalité pas d'universaux du tout. Car **118** on peut considérer que les universaux n'interviennent ici que comme une manière de parler – à travers un usage métaphorique du signe d'identité à la place de ce qui, en fait, n'est pas l'identité mais, dans le premier exemple, le fait de posséder la même longueur, et, dans le second, la ressemblance notationnelle. En abstrayant les universaux par identification des indiscernables, nous ne faisons rien d'autre que réexprimer le même vieux système de particuliers.

Malheureusement, toutefois, ce genre innocent d'abstraction ne peut abstraire autre chose que des classes mutuellement exclusives. Car quand une classe est abstraite par cette méthode, ce qui fait son unité est l'indistingabilité de ses membres par les termes de la théorie en question ; aussi, tout chevauchement entre deux classes les ferait irrémédiablement fusionner en une classe unique.

Une autre manière, plus audacieuse, d'abstraire les universaux est d'admettre dans les quantificateurs, comme variables liées, des lettres qui étaient jusqu'ici simplement des lettres schématiques n'impliquant guère d'engagement ontologique. Ainsi, si nous étendons la théorie des fonctions de vérité en introduisant les quantificateurs « (p) », « (q) », « $(\exists p)$ », etc., nous ne pouvons plus tenir pour négligeables les lettres d'énoncés sous prétexte qu'elles sont schématiques. Désormais, nous devons les concevoir comme des variables qui prennent des entités appropriées pour valeurs, à savoir, des propositions ou, mieux, des valeurs de vérités, comme il ressort des premières pages de cet essai. Nous aboutissons alors à une théorie qui implique des universaux, ou en tous cas des entités abstraites.

En réalité, toutefois, même les quantificateurs « (p) » et « $(\exists p)$ » arrivent à être conciliés avec le nominalisme si nous travaillons dans un système extensionnel[1]. Car, selon Tarski [2], nous pouvons analyser « $(p) (\ldots p \ldots)$ » et « $(\exists p) (\ldots p \ldots)$ » (où « $\ldots p \ldots$ » est un contexte contenant « p » en position d'énoncé constituant) comme la conjonction et la disjonction de « $\ldots S \ldots$ » et « $\ldots \sim S \ldots$ », où « S » est la notation pour un certain énoncé spécifique arbitrairement choisi. Si nous travaillons dans un système extensionnel, il peut être montré que cette façon artificielle de définir la quantification sur « p », « q », etc., satisfait à toutes les lois pertinentes. Ce qui semblait un discours quantifié sur les propositions ou les valeurs de vérité, de ce fait, se trouve légitimé, du point de vue nomi-
119 naliste, comme une figure de rhétorique. Ce qui semblait un discours où les énoncés figurent comme des noms s'explique comme la pittoresque transcription d'un discours où les énoncés n'ont pas ce statut.

Mais il n'est pas toujours possible de concilier l'abstraction par liage des lettres schématiques avec le nominalisme. Si nous lions les lettres schématiques de la théorie de la quantification, nous obtenons une réification des universaux qu'aucun expédient analogue à celui de Tarski n'est capable d'éliminer par une explication. Ces universaux sont des entités dont les prédicats peuvent dès lors être regardés comme des noms. Ils peuvent, comme on l'a remarqué au § 2, être conçus comme des attributs ou comme des classes, mais il est préférable de les concevoir comme des classes.

Dans le § 3, nous avons fait valoir de fortes raisons en faveur du maintien d'une distinction notationnelle entre les lettres de prédicats schématiques, telles que « F » ou « Fx » et les variables liables dont on se sert en connexion avec « $\in$ »

---

1. Sur l'extensionalité, voir plus haut, p. 62. Pour une discussion des systèmes non extensionnels, voir Essai VIII.

afin de prendre des classes pour valeurs. Ces raisons étaient des raisons de clarté logique et philosophique. Maintenant, pour les mêmes raisons, considérées dans l'ordre inverse, il peut être pertinent d'effacer cette distinction si nous nous intéressons à l'aspect génétique. L'étape ontologique cruciale qui consiste à poser un univers de classes ou d'autres entités abstraites peut passer pour une petite étape, qui se franchit plutôt naturellement, si on la décrit comme le simple fait de laisser ce qui était auparavant des lettres schématiques se glisser dans les quantificateurs. C'est ainsi que «p» a été admis, tel quel, dans les quantificateurs quelques paragraphes plus haut. De la même façon, dans l'esprit d'une reconstitution imaginative de la genèse de la théorie des classes, examinons maintenant en détails comment cette théorie provient de la théorie de la quantification par liage de ce qui était auparavant des lettres de prédicats schématiques.

5

D'abord, nous devons avoir une idée plus précise de la théorie de la quantification. Les schémas quantificationnels sont construits à partir des composants schématiques «p», «q», «Fx», «Gx», «Gy», «Fxy», etc., avec l'aide des quantificateurs «(x)», «(y)», «$(\exists x)$», etc., et des opérateurs véri-fonctionnels «$\sim$», «$.$», «$\vee$», «$\supset$», «$\equiv$»[1]. On connaît plusieurs systématisations de la théorie de la quantification qui sont complètes, au sens où tous les schémas valides sont des théorèmes. (Voir plus haut, § 3). L'un de ces systèmes est constitué par les règles R1, R2, R4 et R5 de l'essai V, **120** plus haut, à condition que l'on réinterprète les symboles «ϕ», «ψ», «χ» et «ω» qui y figurent comme désignant des schémas de quantification. Les définitions D1-6 du même essai doivent être incluses.

---

1. Voir plus haut, p. 126 *sq.*

Un principe notable de la théorie de la quantification est qu'à toutes les occurrences d'une lettre de prédicat suivie par des variables, nous pouvons substituer une condition quelconque sur ces variables. À « Fx » nous pouvons substituer n'importe quel schéma, par exemple, « $(y)(Gx \supset Hyx)$ », pourvu que nous effectuions les substitutions parallèles « $(y)(Gz \supset Hyx)$ », « $(y)(Gw \supset Hyx)$ », etc., pour « Fz », « Fw », etc[1]. Il n'a pas été nécessaire d'admettre ce principe de substitution avec R1, R2, R4 et R5, tout simplement parce que l'on peut, en théorie, toujours suppléer à son usage de la manière suivante : au lieu, par exemple, de substituer « $(y)(Gx \supset Hyx)$ » à « Fx » dans un théorème ϕ pour obtenir un théorème ψ, nous pouvons toujours obtenir ψ en répétant la preuve du théorème ϕ lui-même avec « $(y)(Gx \supset Hyx)$ » à la place de « Fx ».

Un autre principe notable de la théorie de la quantification est celui de la *généralisation existentielle* qui nous fait passer d'un théorème ϕ à un théorème $(\exists x)\psi$ où ϕ est identique à ψ sauf qu'il contient des occurrences libres de « y » à tous les endroits où ψ contient des occurrences libres de « x ». Par exemple, à partir de « $Fy \equiv Fy$ », la généralisation existentielle produit « $(\exists x)(Fy \equiv Fx)$ ». Or, il n'a pas été nécessaire d'admettre ce principe avec R1, R2, R4 et R5, tout simplement parce que tout ce qui peut être fait grâce à lui peut être également réalisé par une tortueuse série d'applications de R1, R2, et R4 (et D1-6).

Nous ne sommes pas obligés de préférer R1, R2, R4 et R5 comme principes fondamentaux de l'engendrement des schémas quantificationnels valides. Il se trouve qu'ils constituent un ensemble adéquat de règles, mais il y a des choix alternatifs qui le seraient aussi[2]; certains de ces choix comptent comme règles fondamentales la substitution ou la généralisation existentielle, à l'exclusion de l'une ou l'autre de R1, R2, R4 et R5.

---

1. Pour une formulation plus rigoureuse de cette règle voir mon [2], § 25.

2. Par exemple, voir Hilbert et Ackermann, chap. 3, § 5; Quine [1], p. 88; [2], p. 157-161, 191.

Or, la manœuvre qui consiste à étendre la quantification aux lettres de prédicat afin d'élargir la théorie de la quantification en une théorie des classes, peut être décrite comme un simple aménagement par lequel il est permis aux lettres de **121** prédicat d'avoir tous les privilèges des variables «x», «y», etc. Voyons comment cet aménagement fonctionne. Pour commencer, le schéma quantificationnel «$(y)(Gy \equiv Gy)$» est évidemment valide et doit donc s'obtenir comme un théorème de la théorie pure de la quantification. Or, notre nouvel aménagement par lequel sont accordés à «F» et «G» les privilèges des variables ordinaires nous permet d'appliquer la généralisation existentielle à «$(y)(Gy \equiv Gy)$» de manière à obtenir «$(\exists F)(y)(Fy \equiv Gy)$». À partir de quoi, nous avons, par substitution, $(\exists F)(y)(Fy \equiv \phi)$ où ϕ est une condition quelconque sur y.

«F», ainsi admis dans les quantificateurs, acquiert le statut d'une variable prenant des classes comme valeurs; et la notation «Fy» signifie alors que y est membre de la classe F. De cette façon, on peut reconnaître la règle R3 de l'essai V dans le résultat plus haut $(\exists F)(y)(Fy(\phi)$[1].

Une telle extension de la théorie de la quantification, qui accorde simplement aux variables de prédicats tous les privilèges de «x», «y», etc., semblerait une façon très naturelle d'instituer un royaume d'universaux qui refléteraient les prédicats ou les conditions qui peuvent être écrits dans le langage. En réalité, toutefois, il s'avère qu'elle institue un royaume de classes *beaucoup plus vaste* que les conditions qui peuvent être écrites dans le langage. Ce résultat est peut-être fâcheux, car certainement l'idée intuitive qui sous-tend la position d'un royaume d'universaux consiste simplement à poser une réalité derrière les formes linguistiques. Le résultat

---

1. Voir p. 134 plus haut. L'hypothèse de R3, à savoir que «x» (ou maintenant «F») est absent de ϕ, est strictement nécessaire en raison des restrictions qui sont introduites par toute formulation rigoureuse de la règle de substitution, par laquelle on vient de substituer ϕ à «Gy».

est, cependant, disponible; nous pouvons l'obtenir comme le corollaire du théorème de Cantor mentionné plus haut[1]. La preuve de Cantor peut être transposée dans l'extension de la théorie de la quantification considérée, et de ce théorème il s'ensuit qu'il doit y avoir des classes, en particulier des classes de formes linguistiques, qui n'ont aucune forme linguistique qui leur corresponde.

Mais ce n'est rien en comparaison de ce que la théorie considérée *peut* montrer. Car nous avons vu que la théorie satisfait R1-5, y compris R3; et nous avons vu dans l'essai V que R1-5 conduit au paradoxe de Russell.

122   Les mathématiques classiques ont, approximativement, la théorie exprimée plus haut pour fondement, si on la soumet, cependant, à l'une ou l'autre des restrictions arbitraires qui permettent de rétablir la cohérence sans troubler le résultat de Cantor. Plusieurs restrictions de ce genre ont été passées en revue précédemment[2]. Incidemment, la notation développée jusqu'ici peut être réduite en supprimant l'usage polyadique des variables de prédicat liables (comme « F » dans « Fxy »), car les relations se laissent construire, comme dans l'essai V, à partir des classes; et les formes résiduelles « Fx », « Fy », « Gx », etc., avec « F », « G », etc., liables, peuvent être réécrites comme « $x \in z$ », « $y \in z$ », « $x \in w$ », etc., en conformité avec ce qui était recommandé plus haut dans le présent essai. Nous aboutissons à la notation de l'essai V. Mais, dans tous les cas, des universaux sont supposés de manière irréductible. On ne s'est jamais débarrassé des universaux posés par liaison des lettres de prédicats en les expliquant comme de simples conventions d'abréviation notationnelle, à l'instar de celles auxquelles nous avons pu faire appel dans les abstractions précédentes, qui étaient de moindre importance.

Les classes ainsi posées sont, en réalité, les seuls universaux dont les mathématiques ont besoin. Les nombres,

1. Cf. p. 138 n.
2. Cf. p. 135 *sq.*, 142 *sq.*

Frege l'a montré, sont définissables comme certaines classes de classes. Les relations, ainsi qu'on l'a remarqué, sont de la même façon définissables comme certaines classes de classes. Et les fonctions, comme Peano l'a souligné, sont des relations. Les classes causent déjà assez d'inquiétude, néanmoins, à qui a des craintes philosophiques à l'idée accepter d'autres entités que des objets concrets.

Russell ([2], [3], *Principia*) avait une théorie «pas de classes» [*no-class theory*]. Les notations qui étaient censées se référer à des classes étaient définies en contexte de manière que de telles références auraient disparu si on les avait développées. Ce résultat a été salué par certains, notamment par Hans Hahn, pour la raison qu'il libérerait les mathématiques du platonisme, qu'il rendrait les mathématiques compatibles avec une ontologie exclusivement concrète. Mais cette interprétation n'est pas correcte. La méthode de Russell élimine les classes, mais seulement en faisant appel à un autre royaume d'entités également abstraites ou universelles – entités que l'on appelle les fonctions propositionnelles. L'expression «fonction propositionnelle» est utilisée de manière ambiguë dans les *Principia Mathematica*; parfois elle signifie une phrase ouverte et parfois elle signifie un attribut. La théorie «pas de classes» de Russell se sert des fonctions propositionnelles dans ce second sens comme valeurs de variables liées; la théorie ne peut donc revendiquer qu'une réduction de certains universaux à d'autres, des classes aux attributs. Cette réduction finit par sembler passablement vaine quand nous songeons que la théorie des attributs sous-jacente elle-même peut être mieux interprétée comme une théorie des classes dès le début, conformément à la recommandation d'identifier les indiscernables.

6

En traitant les lettres de prédicat comme des variables de quantification, nous avons déchaîné un torrent d'universaux contre lequel l'intuition est impuissante. Nous ne pouvons plus voir ce que nous faisons ni où le déluge nous transporte. Nos précautions contre les contradictions sont des bricolages, justifiés seulement dans la mesure où ils semblent marcher.

Il existe, cependant, une manière plus mesurée de traiter les prédicats comme des variables quantifiables ; et elle permet de conserver une certaine apparence de contrôle, un certain sens de la direction où nous allons. L'idée qui sous-tend cette méthode plus modérée est que les classes sont conceptuelles dans leur nature et créés par l'homme. Au début, il n'existe que des objets concrets, que l'on peut considérer comme les valeurs des variables liées de la théorie originelle de la quantification. Appelons-les les *objets d'ordre 0*. La théorie de la quantification elle-même, enrichie avec n'importe quels prédicats constants extra-logiques, constitue un langage pour parler des objets d'ordre 0 ; appelons ce langage L_0. La première étape de la réification des classes est à présent limitée aux classes telles que l'appartenance à n'importe laquelle d'entre elles est équivalente à une certaine condition exprimable dans L_0 ; et de même pour les relations. Appelons ces classes et relations des *objets d'ordre 1*. Alors nous commençons à lier des lettres de prédicat avec l'idée qu'elles admettent des objets d'ordre 1 comme valeurs ; et, pour rappeler cette limitation, nous associons l'exposant « 1 » à de telles variables. Le langage formé par une telle extension de L_0 sera appelé L_1 ; il comporte deux genres de variables liées, à savoir les anciennes variables individuelles et les variables d'exposant « 1 ». Nous pouvons par commodité concevoir les ordres comme cumulatifs, et donc considérer les objets d'ordre 0 en même temps comme des objets d'ordre 1. Cela signifie que nous comptons les valeurs de « x », « y », etc., parmi les valeurs

de « F^1 », « G^1 », etc. Nous pouvons, quand F^1 est un indi-   **124**
vidu, donner une interprétation arbitraire à « F^1x » qui identifie
F^1 à x^1.

L'étape suivante consiste à réifier toutes les classes telles
que l'appartenance à n'importe laquelle d'entre elles est équivalente à une certaine condition exprimable dans L_1; et de
même pour les relations. Appelons ces classes et relations des
objets d'ordre 2. Nous étendons le terme de manière à inclure
les objets d'ordre 1, conformément à notre principe cumulatif.
Nous commençons alors à lier « F^2 », « G^2 », etc., avec l'idée
qu'ils doivent prendre comme valeurs des objets d'ordre 2.

En continuant de la sorte jusqu'à L_3, L_4, etc., nous intro-
duisons des variables liées avec des exposants qui croissent
toujours, et nous admettons corrélativement des domaines de
plus en plus vastes de classes et de relations comme valeurs de
nos variables. La limite L_∞ de cette série de langages cumulatifs – ou, ce qui revient au même, la somme de tous ces
langages – est notre logique finale des classes et des relations,
en vertu de la nouvelle procédure.

Ce que nous voulons faire ensuite, c'est spécifier une
théorie qui ait à peu près le même effet que L_∞ mais qui procède
par règles directes, plutôt que par sommation d'une série
infinie. Pour la théorie générale, certaines simplifications peuvent être introduites dans l'esquisse précédente. Au niveau de
L_0, il a été question d'une certaine sélection initiale de prédicats
constants extra-logiques; mais le choix de tels prédicats n'est
pertinent que pour les applications, et peut être exclu de la
théorie formelle de la même façon que nous négligeons la
question de la nature spécifique des objets d'ordre 0. De plus,
comme nous l'avons noté, dans un autre ordre d'idées, à la fin
de la section précédente, nous pouvons omettre l'usage polyadique des variables liables; et nous pouvons réécrire les
formes résiduelles « F^3x », « G^2F^3 », etc., dans la notation
privilégiée « $x^0 \in y^3$ », « $y^3 \in z^2$ », etc. La notation devient ainsi

1. Voir plus haut, p. 124 *sq.*

identique à celle de l'essai V, à ceci près que des exposants sont ajoutés à toutes les variables. Il n'y a pas de restrictions analogues à celles de la théorie des types : on n'exige pas que les exposants soient consécutifs, en fait on ne restreint pas les combinaisons douées de sens. Une combinaison comme « $y^3 \in z^2$ » peut être retenue comme étant douée de sens et même comme étant vraie pour certaines valeurs de y^3 et de z^2, bien que tous les membres de z^2 soient d'ordre 1 ; car, puisque les ordres sont cumulatifs, y^3 peut très bien être d'ordre 1.

125   En outre, les règles R1-5 de l'essai V peuvent être transposées sans autre changement que certaines restrictions nécessaires sur R2-3. La restriction sur R2 est que *l'exposant de β ne doit pas dépasser celui de α*. La raison est évidente : si α prend des classes d'ordre m comme valeurs et β des classes d'ordre n, alors les valeurs possibles de β ne seront incluses parmi celles de α que si $m \geq n$. La restriction sur R3 est que « y » et « x » *doivent comporter des exposants consécutifs, et φ ne doit pas contenir d'exposant plus grand que celui de « x », et même aucun qui soit aussi grand à l'intérieur des quantificateurs.* Cette restriction reflète le fait que les classes d'ordre $m + 1$ tirent leurs membres de l'ordre m selon des conditions formulables dans L_m.

P1 peut être conservé, mais les signes « ⊂ » et « = » qui y figurent doivent désormais être redéfinis en prêtant attention aux exposants, de la manière suivante : « $x^m \subset y^n$ » et « $x^m = y^n$ », pour tout choix de m et n, sont les abréviations respectives de :

$$(z^{m-1})\,(z^{m-1} \in x^m \supset z^{m-1} \in y^n), \qquad (z^{m+1})\,(x^m \in z^{m+1} \supset y^n \in z^{m+1}).$$

Nous avons également besoin, pour n'importe quel choix d'exposant, du postulat :

$$x = y \supset (x \in z \equiv y \in z).$$

Cette théorie des classes est étroitement apparentée à celle de Weyl et comparable en puissance à celle de Russell qu'on appelle la théorie ramifiée des types [1] et dont Fitch [2] a prouvé la cohérence; mais sa forme est bien plus simple que celle de ces systèmes. Elle représente, à l'instar de ces systèmes, une position conceptualiste qui s'oppose au réalisme platonicien [2]; elle considère que les classes sont construites plutôt que découvertes. Le genre de raisonnement qui la fait reculer est celui que Poincaré (p. 43-48) a critiqué sous le nom de *définition imprédicative*, c'est-à-dire, la spécification d'une classe à l'aide d'un royaume d'objets dont cette classe fait elle-même partie. La restriction précédente sur R3 est précisément la formulation exacte de l'interdiction de ladite définition imprédicative.

Si l'on considère les classes comme préexistantes, il n'y a manifestement rien à objecter au fait d'en isoler une, par une **126** caractéristique qui présuppose son existence; pour le conceptualiste, au contraire, les classes n'existent que pour autant qu'elles font l'objet d'un engendrement ordonné. Cette façon de résumer la position conceptualiste est en réalité vague et métaphorique, et, en ayant l'air d'introduire des processus temporels dans les lois logiques, elle est énigmatique et trompeuse. Toutefois, pour une formulation stricte de la position, qui serait dépourvue de métaphores, nous pouvons renvoyer au système plus haut.

Voyons comment le paradoxe de Russell est désormais bloqué. La preuve du paradoxe de Russell consistait à prendre « $\sim(y \in y)$ » pour le ϕ de R3, puis à prendre y pour x. Dans le cas présent, la première de ces étapes se laisse franchir, malgré les restrictions sur R3. Nous obtenons :

$$(6) \qquad (\exists x^{n+1})(y^n)[y^n \in x^{n+1} \equiv \sim(y^n \in y^n)]$$

---

1. Sans l'axiome de réductibilité. Voir plus bas, p. 181.
2. Voir plus haut, p. 41 *sq.* La position conceptualiste en matière de fondements des mathématiques est parfois appelée *intuitionnisme*, au sens large du terme. Au sens strict, « intuitionnisme » désigne seulement la marque spéciale de conceptualisme, défendue par Brouwer et Heyting, qui abroge la loi du tiers-exclu.

pour tout n. Mais la seconde étape, qui conduirait à la contradiction :

$$(7) \qquad (\exists x^{n+1}) [x^{n+1} \in x^{n+1} \equiv \sim(x^{n+1} \in x^{n+1})],$$

est bloquée. Car si l'on effectuait la dérivation explicite de (7) à partir de (6) en utilisant R1, R2, R4, et R5, on s'apercevrait qu'elle se sert de cette instance de R2 :

$$(y^n) [y^n \in x^{n+1} \equiv \sim(y^n \in y^n)] \supset [x^{n+1} \in x^{n+1} \equiv \sim(x^{n+1} \in x^{n+1})].$$

Mais cette instance viole la restriction sur R2 puisque $n + 1$ est plus grand que n.

Intuitivement, la situation se présente comme suit. (6), qui est vrai, nous garantit l'existence, pour tout n, d'une classe d'objets d'ordre n qui ne sont pas membres d'eux-mêmes. Mais cette classe n'est pas elle-même d'ordre n, et donc la question de savoir si elle appartient à elle-même n'aboutit pas à un paradoxe.

La théorie conceptualiste des classes n'exige pas l'existence d'autres classes que celles qui correspondent à des conditions d'appartenance exprimables. Il a été remarqué dans la section précédente que le théorème de Cantor impliquerait la situation contraire ; cependant, son théorème n'est pas valable ici. Car la preuve de Cantor fait appel à la classe h des membres d'une classe k qui ne sont pas membres des sous-classes de k auxquelles ils sont corrélés[1]. Mais cette façon de **127** spécifier h est imprédicative puisqu'elle implique une quantification sur les sous-classes de k, dont la classe h elle-même fait partie.

C'est ainsi qu'un théorème des mathématiques classiques ou semi-classiques est abandonné par le conceptualisme. Le même sort frappe la preuve de l'existence d'infinis non dénombrables de Cantor ; ce théorème n'est, en fait, rien de plus qu'un corollaire du théorème que l'on vient de discuter. Pour l'instant, bon débarras. Mais il s'avère que des obstacles

---

1. Voir ci-desssus, p. 138 n.

entravent aussi les preuves de certains théorèmes mathématiques plus traditionnels et manifestement plus désirables; par exemple, la preuve que toute classe bornée de nombres réels a une borne inférieure.

Quand Russell a proposé sa théorie ramifiée des types, ces limitations l'ont conduit à ajouter son «axiome de réductibilité». Mais l'ajout de cet axiome, injustifiable d'un point de vue conceptualiste, a pour effet de rétablir entièrement la logique platonicienne des classes. Un conceptualiste sérieux rejettera l'axiome de réductibilité parce qu'il l'estimera faux [1].

7

Le platonicien peut tout digérer sauf une contradiction; et quand une contradiction apparaît, il est satisfait si on l'enlève par une restriction *ad hoc*. Le conceptualiste est plus délicat; il tolère l'arithmétique élémentaire et bien plus encore, mais il regimbe contre la théorie des infinis supérieurs et contre certaines parties de la théorie supérieure des nombres réels. Il y a un aspect fondamental, toutefois, sur lequel les conceptualistes et les platoniciens se rejoignent : ils admettent tous les deux irréductiblement des universaux, des classes, comme valeurs de leurs variables liées. La théorie platonicienne des classes du § 5 et la théorie conceptualiste des classes du § 6 diffèrent seulement en ce que, dans la théorie platonicienne, l'univers des classes est limité à contrecœur et le moins possible par des restrictions dont le seul objectif est d'éviter les paradoxes, tandis que, dans la théorie conceptualiste, l'univers des classes est limité de bon cœur et sévèrement, d'une façon que l'on peut exprimer par la métaphore de la création progressive. Ce serait une erreur de croire que cette métaphore rend vraiment compte des classes, ou en donne une explication qui permette de les éliminer; car elle ne donne pas d'indication **128**

---

1. Voir mon [3].

sur la façon dont la quantification conceptualiste sur les classes peut être paraphrasée dans une notation plus élémentaire et ontologiquement plus innocente. Le conceptualiste a en réalité quelque raison de considérer que ce sur quoi il repose est plus ferme que ce sur quoi repose le platonicien, mais cette raison est limitée aux deux points suivants : l'univers des classes qu'il suppose est plus pauvre que celui du platonicien, et le principe par lequel il le limite s'appuie sur une métaphore qui a une certaine valeur intuitive.

La position héroïque ou don-quichottesque est celle du nominaliste qui renonce en bloc à toute quantification sur les universaux, par exemple, sur les classes. Il reste libre d'accepter la logique des fonctions de vérité, de la quantification et de l'identité, et également tout prédicat fixé qu'il souhaite voir appliquer à des particuliers ou à des entités qui ne sont pas des universaux (quelle que soit la façon dont elles sont interprétées). Il peut même accepter ce qu'on appelle les algèbres de classes et de relations, au sens étroit, et les aspects les plus rudimentaires de l'arithmétique ; car ces théories peuvent être réinterprétées comme de simples variantes notationnelles de la logique de la quantification et de l'identité [1]. Il peut accepter des lois qui contiennent des variables pour les classes, les relations et les nombres tant que ces lois sont affirmées comme valant pour toutes les valeurs de ces variables ; car il peut traiter ces lois comme des schémas, à l'instar des lois des fonctions de vérité et de la quantification. Mais en ce qui concerne les variables liées pour les classes, les relations ou les nombres, si elles apparaissent dans des quantificateurs existentiels ou dans des quantificateurs universels présents dans des propositions subordonnées (*subordinate clauses*), le nominaliste doit y renoncer dans tout contexte où il ne peut les éliminer en les expliquant par une paraphrase. Il doit y renoncer au moment où il en a besoin.

1. Voir mon [2], p. 230 *sq.*, 239.

Le nominaliste pourrait bien sûr acquérir la liberté entière de quantifier sur les nombres s'il les identifiait, par une quelconque corrélation, aux différents particuliers de l'univers qu'il accepte – disons les individus concrets du monde physique. Mais cet expédient a l'inconvénient de ne pas pouvoir garantir la multiplicité infinie de nombres que l'arithmétique classique exige. Le nominaliste a rejeté l'univers infini des universaux parce qu'il le considère comme imaginaire; il n'attribuera pas l'infinité à son univers de particuliers à moins que ce soit un fait objectif – attesté, disons, par le physicien. **129** Du point de vue mathématique, en réalité, l'opposition importante de doctrines, ici, consiste précisément dans l'opposition entre la réticence et l'empressement à poser, d'emblée, un univers infini. C'est une division plus claire que celle qui est habituellement faite entre les nominalistes et les autres, car cette dernière dépend d'une distinction qui n'est pas très claire entre ce qui a le statut de particulier et ce qui est considéré comme un universel. Quand nous passons à l'opposition entre conceptualistes et platoniciens, nous avons une opposition entre ceux qui n'admettent qu'un degré d'infinité et ceux qui admettent une hiérarchie cantorienne d'infinis.

Le nominaliste, ou celui qui entretient un agnosticisme à l'égard de l'infinité des entités, peut tout de même accueillir d'une manière indirecte les mathématiques de l'infinitiste – celles du conceptualiste ou du platonicien. Bien qu'il ne puisse accorder foi à de telles mathématiques, il *peut* formuler les règles de leur développement[1]. Mais il aimerait aussi montrer que tous les services que les mathématiques rendent à la science peuvent en théorie l'être également, même si c'est de manière moins simple, par des méthodes vraiment nominalistes – sans l'aide de mathématiques dépourvues de sens dont la pure syntaxe est décrite de manière nominaliste. Et là, il a du pain sur la planche. Là, la tentation est forte d'adopter les

---

1. Voir plus haut, p. 42 *sq.*

manières plus accommodantes du conceptualiste qui, puisqu'il accepte une part commodément vaste des mathématiques classiques, a seulement besoin de montrer qu'il est possible de se passer de la théorie des infinis supérieurs et de certaines parties de la théorie des nombres réels.

Tactiquement, le conceptualisme est sans doute la position la plus forte des trois; car le nominaliste fatigué peut tomber dans le conceptualisme et malgré tout soulager sa conscience puritaine en se disant qu'il ne s'est pas tout à fait mis à manger du lotus avec les platoniciens.

VII

NOTES SUR LA THÉORIE DE LA RÉFÉRENCE

1

Lorsqu'on accorde l'attention qu'il convient à l'oppo- sition entre signification et référence[1], les problèmes appartenant à ce que l'on appelle vaguement la sémantique se trouvent séparés en deux domaines si fondamentalement différents qu'ils ne méritent pas du tout d'appellation commune. Ces deux domaines pourraient être appelés la *théorie de la signification* et la *théorie de la référence*. Le terme de sémantique conviendrait bien pour la théorie de la signification, n'était-ce que quelques-uns des meilleurs travaux de ce que l'on appelle la sémantique, en particulier ceux de Tarski, relèvent de la théorie de la référence. Les principaux concepts de la théorie de la signification, outre celui de signification lui-même, sont ceux de *synonymie* (ou identité de la signification), de *signifiance* (ou le fait de posséder une signification), et d'*analyticité* (ou le fait d'être vrai en vertu de la signification). Il y aussi celui de *conséquence*, ou analyticité du conditionnel. Les principaux

---

1. Voir plus haut, p. 35, 50.

concepts de la théorie de la référence sont ceux de *nomination*, de *vérité*, de *dénotation* (ou être-vrai-de), et d'*extension*. Il y a aussi la notion de *valeurs* des variables.

Les limites entre les domaines ne sont pas des barrières. Étant donnés deux domaines quelconques, il est concevable qu'un concept puisse être composé de concepts appartenant à ces deux domaines. Mais si cela devait arriver dans le cas de la théorie de la signification et de la théorie de la référence, nous devrions probablement mettre le concept hybride du côté de la théorie de la signification – simplement parce que la théorie de la signification est dans un état pire que la théorie de la référence, et par conséquent celle des deux qui introduit les présuppositions les plus problématiques.

131 Lorsqu'on l'applique à un discours qui est dans un langage explicitement quantificationnel, la notion d'engagement ontologique appartient à la théorie de la référence. En effet, dire qu'une certaine quantification existentielle présuppose des objets d'une certaine espèce, c'est dire simplement que la formule ouverte qui suit le quantificateur est vraie de certains objets de cette espèce, et d'aucun objet qui ne soit pas de cette espèce. D'un autre côté, dès que nous nous mettons à parler d'engagement ontologique à propos d'un discours qui n'est pas dans un langage explicitement quantificationnel, ce qui rend nos thèses dépendantes d'une synonymie supposée entre les phrases de départ et leur traduction dans un langage quantificationnel, nous nous retrouvons bien entendu dans le domaine de la théorie de la signification.

Qu'on considère une théorie, l'un des aspects philosophiquement intéressants à explorer est son ontologie. Mais on peut aussi enquêter sur son idéologie (pour utiliser un vilain mot) : quelles idées peut-on exprimer à l'intérieur de cette théorie ? Il n'y a pas de relation simple entre l'ontologie d'une théorie et son idéologie. Considérons par exemple la théorie habituelle des réels. Son ontologie épuise les nombres réels, mais son idéologie – l'éventail des idées exprimables séparément – ne comprend les idées singulières que de certains nombres réels seulement. Car on sait qu'il n'y a pas de notation adéquate pour la spécification individuelle de chaque nombre réel[1]. Réciproquement, l'idéologie comprend aussi beaucoup d'idées comme celles de somme, de racine, ou comme le fait d'être rationnel, d'être algébrique, qui n'ont pas nécessairement de corrélat ontologique dans le domaine des variables de quantification de la théorie.

Deux théories peuvent avoir la même ontologie et des idéologies différentes. Ainsi deux théories des nombres réels peuvent s'accorder ontologiquement en ce qu'elles demandent comme valeurs pour leurs variables tous les nombres réels, et eux seulement, mais elles peuvent quand même différer idéologiquement; par exemple, une théorie sera exprimée dans un langage dans lequel la phrase :

(1)   le nombre réel x est un nombre entier

peut être traduit, alors que ce ne sera pas le cas de l'autre théorie. Notez l'importance de cet exemple particulier; Tarski [1] a prouvé la complétude d'une certaine théorie élémentaire T des nombres réels, et nous savons par la preuve de Gödel [2] de l'incomplétabilité de la théorie des entiers que le résultat de Tarski aurait été impossible à obtenir si (1) avait été traduisible **132** dans la notation de T.

Il est instructif d'observer que l'ontologie d'une théorie peut comprendre des objets d'une certaine espèce K sans même que l'espèce K soit définissable dans les termes de la théorie. Par exemple, on peut montrer que l'ontologie de T comprend les nombres réels qui sont des entiers, bien que (1) ne soit pas traduisible dans la notation de T.

J'ai vaguement décrit l'idéologie d'une théorie comme posant la question de savoir quelles sont les idées exprimables dans le langage de cette théorie. L'idéologie semble ainsi

---

1. Voir, par exemple, mon [1], p. 273 *sq.*

mettre en jeu l'idée d'idée. Mais on peut tout à fait abandonner cette formulation, et avec elle le terme « idéologie ». Car le genre de travail substantiel qui relèverait de l'idéologie constitue précisément la théorie de la définissabilité; et cette théorie, loin de dépendre de l'idée d'idée, n'a rien à voir avec la théorie de la signification et relève franchement de la théorie de la référence. Il est vrai que le mot « définition » suggère couramment l'idée de synonymie[1], qui appartient à la théorie de la signification; la littérature mathématique sur la définissabilité[2], cependant, n'a affaire avec la définissabilité que dans un sens plus bénin qui est le suivant. On dit qu'un terme général *t* est *définissable* dans tout fragment de langage comprenant une formule *S* telle que *S* contient la variable *x* et est satisfaite par toutes les valeurs de « *x* » pour lesquelles *t* est vrai et seulement par celles-là. La définissabilité ainsi interprétée ne repose que sur l'identité de référence – identité d'extension de la part de *t* et de *S*. On peut expliquer la définissabilité d'expressions appartenant à d'autres catégories que celle des termes généraux de manière tout à fait parallèle. L'observation faite plus haut selon laquelle « entier » n'est pas définissable dans *T* constitue un bon exemple de théorème de la théorie de la définissabilité en ce sens, et par là de la théorie de la référence.

2

Dans les Essais II et III, nous avons insisté sur le piteux état de la théorie de la signification. En fait, la théorie de la référence a elle aussi connu des problèmes, car elle est le lieu des paradoxes que l'on appelle sémantiques.

133   Le plus connu de ces paradoxes est celui d'Épiménide, dont la version antique est la suivante : Épiménide le Crétois

1. Voir plus haut, p. 54 *sq.*
2. Tarski [3]; Robinson; Myhill; Church et Quine. Voir aussi plus haut, p. 123 *sq.*

dit que les Crétois mentent toujours ; donc son énoncé, pour être vrai, doit être un mensonge. Ici à l'évidence nous ne sommes pris dans aucun véritable paradoxe, nous sommes seulement forcés de conclure qu'Épiménide a menti et que certains Crétois parfois ne mentent pas. On peut cependant préciser la situation de sorte qu'elle donne lieu à un paradoxe, en adoptant trois prémisses factuelles : non seulement (a) qu'Épiménide était un Crétois et (b) qu'Épiménide a dit que les Crétois ne disaient jamais la vérité, mais aussi (c) que tous les *autres* énoncés produits par des Crétois étaient effectivement faux. Alors l'énoncé d'Épiménide devient faux s'il est vrai, et vrai, s'il est faux – une situation impossible.

Il est instructif d'opposer ce paradoxe à l'énigme du barbier. On dit d'un homme d'Alcalá qu'il a rasé tous les hommes d'Alcalá qui ne se rasaient pas eux-mêmes et seulement ceux-là ; et nous nous retrouvons avec ce résultat qu'il s'est rasé lui-même si et seulement si il ne s'est pas rasé lui-même[1]. Ceci n'est pas un véritable paradoxe, mais seulement une preuve par l'absurde de ce qu'il n'y avait aucun homme comme celui-là à Alcalá. Au contraire, le paradoxe d'Épiménide, avec le raffinement final, ne peut pas être semblablement congédié. En effet, alors qu'il est évident que l'on a imposé au barbier une condition contradictoire, on ne peut pas reconnaître avec autant d'insouciance une incompatibilité dans les trois conditions (a)-(c) qui sont visiblement indépendantes.

Une variante du paradoxe d'Épiménide, qui remonte aussi à l'antiquité, est le *pseudomenon* des mégariques : « Je mens ». On peut en formuler une version encore plus simple ainsi :

(2)   (2) est faux.

Clairement (2), tel qu'on l'a écrit, est faux s'il est vrai et vrai s'il est faux.

---

1. Une version de cette énigme a été attribuée par Russell ([4], p. 354 *sq.*) à une de ses connaissances dont il ne donne pas le nom.

Pour tenter d'échapper à la croix de la contradiction consistant à considérer (2) comme à la fois vrai et faux, on pourrait protester que (2) est simplement dénué de signification, pour cette raison qu'essayer d'expliciter la référence de « (2) » dans (2) de manière à obtenir la citation déterminée d'un véritable énoncé conduit à une régression à l'infini. Mais on peut faire taire cette protestation en recourant à une version plus complexe, de la manière suivante :

134 (3) « ne donne pas un énoncé vrai une fois apposé à sa propre mise entre guillemets » donne un énoncé vrai une fois apposé à sa propre mise entre guillemets.

On voit facilement que l'énoncé ci-dessus dit que sa propre négation est vraie.

Un autre paradoxe que l'on appelle sémantique est celui de Grelling, qui consiste à demander si le terme général « non vrai de lui-même » est vrai de lui-même ; clairement, il sera vrai de lui-même si et seulement si il ne l'est pas. Un troisième est celui de Berry, qui concerne le plus petit nombre qu'on ne peut pas spécifier en moins de vingt-deux syllabes. Ce nombre vient juste d'être spécifié en vingt et une syllabes [1].

Ces paradoxes semblent montrer que les termes les plus caractéristiques de la théorie de la référence, à savoir « vrai », « vrai de », et « nomination » (ou « spécification »), doivent être exclus du langage parce que dénués de signification, sous peine de contradiction. Mais cette conclusion est difficile à accepter, car les trois termes familiers en question semblent particulièrement clairs au vu de ces trois schémas :

(4) « —— » *est vrai* si et seulement si ——,

(5) « —— » *est vrai de* toute —— chose et d'aucune autre.

(6) « —— » *nomme* —— et rien d'autre.

(4) est vrai quand on écrit n'importe quel énoncé à la place des deux blancs ; (5) est vrai quand on écrit n'importe quel terme

1. Voir Whitehead et Russell, vol. 1, p. 61.

général (sous forme d'adjectif, ou, en omettant « chose », sous forme nominale) à la place des deux blancs ; et (6) est vrai dès qu'on écrit n'importe quel nom (qui nomme réellement quelque chose ; c'est-à-dire dont le référent existe) à la place des deux blancs.

Au sens strict, les notions de la théorie de la référence, et de même celles de la théorie de la signification (si on leur accorde quelque crédit), sont toujours relatives à un langage ; le langage figure, même implicitement, comme paramètre. On rappellera ainsi que le problème de l'interprétation de « analytique » a été identifié comme le problème de l'interprétation de « analytique dans L » avec « L » variable[1]. De même un énoncé, considéré comme une suite de lettres ou de sons, n'est jamais vrai *simpliciter*, mais vrai dans un langage L pour un L approprié. Ceci n'est pas la thèse philosophique selon laquelle 135 les faits sont toujours relatifs au langage ; le point est beaucoup plus superficiel. C'est simplement qu'une suite donnée de lettres ou de sons pourrait constituer à la fois un énoncé disons en français et un énoncé (doté d'une signification différente, pour utiliser l'expression) en frisien, et il se pourrait qu'il soit vrai selon sa signification en français et faux selon sa signification en frisien[2]. La manière correcte de présenter (4-)-(6) devrait donc être :

(7)   « —— » *est vrai-dans-L* si et seulement si ——,

(8)   « —— » *est vrai-dans-L de* toute —— chose et d'aucune autre.

(9)   « —— » *nomme-dans-L* —— et rien d'autre.

Mais maintenant il devient nécessaire que L et le langage dans lequel les phrases (7)-(9) elles-mêmes sont écrites (en l'occurrence, le français) soient identiques, ou au moins qu'ils se recoupent pour toutes les expressions auxquelles nous nous

---

1. Voir plus haut, p. 65 *sq.*

2. La nécessité de tenir compte en sémantique théorique de tels chevauchements interlinguistiques a été notée dans un autre contexte par Church [5].

proposons d'appliquer (7)-(9) (en les mettant à la place de
« ——— »). Sinon, nous pourrions obtenir des instances de
(7)-(9) qui soient fausses, dans le cas hypothétique d'un
chevauchement comme celui que nous avons imaginé entre le
frisien et le français; mais vraisemblablement nous n'obtien-
drions que des non-sens du type :

(10)   « Der Schnee ist weiss » est vrai-en-allemand si et
       seulement si der Schnee ist weiss.

La citation au début de (10) est bien une expression française
correcte, qui constitue le nom d'un énoncé en allemand;
mais le reste de (10) est un méli-mélo de langues dénué de
signification.

Si, cependant, nous réunissions l'allemand et le français
pour former un langage composite, l'allemand-français, alors
il serait possible de dire que (10) est vrai en allemand-français.
En général, si le langage L (par exemple, l'allemand) est
contenu dans le langage L' (par exemple, l'allemand-
français), de telle sorte que L' est simplement L ou L plus
du vocabulaire ou des constructions grammaticales supplémentaires, et si les fragments de français qui figurent dans (7)
ci-dessus (hormis les blancs) font partie de L', alors le résultat
obtenu en mettant n'importe quel énoncé de L à la place des
blancs dans (7) sera vrai dans L'. De la même manière pour
(8); si L est contenu dans L' et si la partie fixe de (8) fait partie
de L', alors le résultat obtenu en mettant n'importe quel terme
général de L à la place des blancs de (8) sera vrai dans L'. De la
même manière pour (9).

Or il se trouve que les paradoxes sémantiques relevés
précédemment n'apparaissent pas si nous prenons les deux
précautions suivantes : modifier (4)-(6) en (7)-(9), et bannir du
langage L lui-même les termes comme « vrai-dans-L », « vrai-
dans-L de » et « nomme-dans-L ». Ces termes, qui servent pour
la théorie de la référence *de L*, peuvent continuer à exister dans
un langage L' plus englobant qui contient L; et les schémas

136

(7)-(9) peuvent continuer à être vrais dans L', sans paradoxe, tant que les énoncés ou les termes qui viennent remplir les blancs n'appartiennent pas simplement à L' mais spécifiquement à L.

3

Il faut remarquer que les schémas (4)-(6) ne sont pas à strictement parler des définitions des expressions verbales « est vrai », « est vrai de » et « nomme », pas plus que (7)-(9) ne sont des définitions des expressions verbales « est vrai-dans-L », « est vrai-dans-L de » et « nomme-dans-L ». En effet ces schémas ne nous permettent d'éliminer ces expressions verbales que quand elles sont précédées par des citations, et pas quand elles sont précédées, par exemple, par des pronoms, ou des variables de quantification. Néanmoins, ces schémas ressemblent à des définitions sous cet aspect fondamental : elles ne laissent aucune ambiguïté quant aux extensions, aux domaines d'application, des expressions verbales en question. Dans le cas de (7), on peut le voir de la manière suivante. Supposons qu'il y ait deux interprétations différentes de « vrai-dans-L » compatibles avec (7), distinguons-les en écrivant « $vrai_1$-dans-L » et « $vrai_2$-dans-L ». Après insertion, respectivement, de ces deux indices, $(7)_1$ et $(7)_2$ ne sont rien de plus que (7). De $(7)_1$ et $(7)_2$ il suit logiquement que :

« —— » est $vrai_1$-dans-L si et seulement si « —— » est $vrai_2$-dans-L,

quel que soit l'énoncé de L que nous écrivons à la place de « —— ». Donc $vérité_1$-dans-L et $vérité_2$-dans-L coïncident. Un raisonnement similaire marche pour (8) et (9).

Tarski, auquel on doit en grande partie les réflexions sur la vérité des pages précédentes ([4], [6]), va plus loin en montrant que « vrai-dans-L » est en fait authentiquement définissable dans L' moyennant certaines conditions générales. Supposons

137 que L est un langage de la forme générale décrite pages 61 et 62 ci-dessus, et que tout le vocabulaire des prédicats de L est fixé en une liste finie. Supposons en outre que L' contient L et, en plus, une terminologie spécifiquement linguistique permettant de nommer chaque symbole individuel de L et d'exprimer la concaténation de symboles. Supposons enfin que L' possède un complément normal de logique, y compris la théorie des classes. À partir de là, Tarski montre comment formuler dans la notation de L' une formule « ---x--- » qui satisfait :

$$\text{---x--- si et seulement si} \underline{\qquad\qquad}$$

chaque fois qu'un énoncé de L est mis à la place de « —— » et qu'un nom de cet énoncé est mis à place de « x ». En résumé, il montre que « vrai-dans-L », dans un sens conforme à (7), est définissable dans L', dans un sens de « définissable » conforme aux premières pages du présent essai[1]. Nous ne donnerons pas ici la construction elle-même.

Dans certaines notations formelles capables d'exprimer leur propre grammaire ou des domaines d'objets dans lesquels on peut construire un modèle de cette grammaire, la méthode de Tarski nous donne les moyens de dériver une forme du paradoxe d'Épiménide équivalente à (3). On peut même obtenir de cette manière une preuve par l'absurde du théorème d'incomplétude de l'arithmétique de Gödel [2]; telle est ma méthode dans [1], chapitre 7. De manière générale, si L ne doit pas tomber sous le coup du paradoxe d'Épiménide, la « vérité-dans-L » ne doit être définissable que dans un langage L' disposant d'une notation pour une théorie logique plus forte (une

---

1. On oublie parfois qu'il n'est pas nécessaire de prétendre, et que Tarski n'a pas prétendu, que les énoncés de la forme (7) (ou (8)) sont analytiques. Cet oubli a été réparé plusieurs fois; cf. Lewy, White [1], Thomson.

théorie des classes plus fortes par exemple) que celle qui est disponible dans L^1.

La construction de Tarski pour la vérité s'étend aisément à d'autres concepts de la théorie de la référence. Il est frappant que ces notions, malgré les paradoxes qu'on peut leur associer, sont beaucoup moins floues et mystérieuses que les notions qui appartiennent à la théorie de la signification. Nous avons des schémas généraux (7)-(9) qui, bien qu'ils ne soient pas des définitions, permettent pourtant de conférer à « vrai-dans-L » et « vrai-dans-L de » et « nomme-dans-L » exactement autant de clarté, en chaque application particulière, que celle dont jouissent les expressions particulières de L auxquelles nous les appliquons. Attribuer la vérité à « La neige est blanche » en particulier, par exemple, est exactement aussi clair pour nous qu'attribuer la blancheur à la neige. De plus, avec la construction technique de Tarski, nous avons une méthode générale explicite pour définir la vérité-dans-L pour des langages L particuliers qui obéissent à certains schémas généraux et disposent d'un vocabulaire bien spécifié. De fait, nous n'avons pas une définition analogue unique de « vrai-dans-L » pour « L » variable ; mais ce que nous avons suffit pour conférer à « vrai-dans-L », même à « L » variable, un degré suffisamment élevé d'intelligibilité, de telle sorte qu'il est peu probable que nous ayons des réticences à utiliser cet idiome. Bien sûr, aucun terme n'est définissable si ce n'est au moyen d'autres termes ; et l'exigence de définition est d'autant plus pressante que le terme est obscur.

Il faut voir combien la comparaison entre la notion d'analyticité-dans-L, caractéristique de la théorie de la signification et celle de vérité-dans-L est défavorable à la première. Celle-ci ne dispose d'aucun étalon dont la valeur soit comparable à (7). Nous n'avons pas davantage de méthode systématique pour

---

1. Voir Tarski [4], [5], [6] ; et aussi Quine [8]. Mais si L est spécialement faible sous certains rapports, cette exigence tombe ; ainsi du système de Myhill qui n'a pas de négation.

construire des définitions de « analytique-dans-L », même pour les différents choix particuliers de L; la définition de « analytique-dans-L » pour chaque L est apparu plutôt comme un projet en soi[1]. Le principe d'unification le plus évident pour lier l'analyticité-dans-L pour un choix de L avec l'analyticité-dans-L pour un autre choix de L, est l'usage commun des syllabes « analytique ».

---

1. Voir plus haut, p. 64-70.

VIII

RÉFÉRENCE ET MODALITÉ

1

Un des principes fondamentaux gouvernant l'identité est **139** celui de *substituabilité* – ou, comme on pourrait tout aussi bien l'appeler, celui d'*indiscernabilité des identiques*. Il garantit que, *étant donné un énoncé d'identité vrai, l'un de ses deux termes peut être substitué à l'autre dans tout autre énoncé vrai et le résultat sera vrai*. Il est facile de trouver des contre-exemples à ce principe. Par exemple, les énoncés :

(1)   Giorgione = Barbarelli,
(2)   Giorgione était appelé ainsi à cause de sa taille

sont vrais, mais le remplacement du nom « Giorgione » par le nom « Barbarelli » transforme (2) en la fausseté :

Barbarelli était appelé ainsi à cause de sa taille.

De plus, les énoncés :

(3)   Cicéron = Tullius,
(4)   « Cicéron » contient six lettres

sont vrais, mais le remplacement du premier nom par le second rend (4) faux. Pourtant les fondements du principe de

substituabilité semblent assez solides ; tout ce qui peut être dit
de la personne Cicéron (ou Giorgione) devrait être tout aussi
vrai de la personne Tullius (ou Barbarelli), puisqu'il s'agit de
la même personne.

Dans le cas de (4), le paradoxe est résolu immédiatement.
La raison en est que (4) n'est pas un énoncé au sujet de la
personne Cicéron, mais simplement du mot « Cicéron ». Le
principe de substituabilité ne doit pas être étendu aux
140 contextes dans lesquels le nom qui doit être remplacé a une
occurrence qui ne se réfère pas simplement à l'objet. L'échec
de la substituabilité révèle simplement que l'occurrence qui
doit être remplacée n'est pas *purement référentielle* [1], c'est-à-
dire que l'énoncé ne dépend pas simplement de l'objet mais
aussi de la forme du nom. Car il est clair que tout ce qui peut
être affirmé d'un objet reste vrai lorsque nous nous référons à
l'objet par n'importe quel autre nom.

Une expression qui consiste en une autre expression mise
entre guillemets constitue un nom de cette autre expression ; et
il est clair que l'occurrence de cette autre expression ou d'une
de ses parties, à l'intérieur du contexte des guillemets, n'est
pas en général référentielle. En particulier, l'occurrence du
nom de personne à l'intérieur du contexte des guillemets
dans (4) n'est pas référentielle, et n'est pas soumise au principe
de substituabilité. Le nom de personne n'a ici une occurrence
qu'en tant que fragment d'un nom plus long qui contient, en
plus de ce fragment, les deux guillemets. Remplacer un nom
de personne dans un tel contexte ne serait pas plus légitime que
remplacer le terme « chat » dans le contexte « achat ».

L'exemple (2) est un peu plus subtil, car c'est un énoncé au
sujet d'un homme et pas seulement au sujet de son nom.
C'était l'homme, et non son nom, qui était appelé ainsi et cela
en raison de sa taille. Néanmoins, l'échec de la substituabilité

---

1. Frege [3] parlait d'occurrences *directes* (*gerade*) et *obliques* (*un-
gerade*), et se servait exactement comme nous de la substituabilité des
identiques comme critère.

montre que l'occurrence du nom de personne dans (2) n'est pas *purement* référentielle. Il est facile en fait de traduire (2) en un autre énoncé qui contient deux occurrences du nom, l'une purement référentielle et l'autre non :

(5) Giorgione était appelé « Giorgione » en raison de sa taille.

La première occurrence est purement référentielle. La substitution sur la base de (1) convertit (5) en un autre énoncé tout aussi vrai :

Barbarelli était appelé « Giorgione » en raison de sa taille.

La seconde occurrence du nom de personne n'est pas plus référentielle que n'importe quelle autre occurrence à l'intérieur d'un contexte citationnel.

Il ne serait pas parfaitement juste de conclure que l'occur- [141] rence d'un nom à l'intérieur de guillemets n'est *jamais* référentielle. Considérons les énoncés :

(6)   « Giorgione jouait aux échecs » est vrai,
(7)   « Giorgione » désignait un joueur d'échecs ;

chacun d'eux est vrai ou faux selon que l'énoncé sans guillemets :

(8)   Giorgione jouait aux échecs

est vrai ou faux. Notre critère d'occurrence référentielle rend l'occurrence du nom « Giorgione » dans (8) référentielle, et doit rendre les occurrences de « Giorgione » dans (6) et (7) référentielles pour la même raison, malgré la présence de guillemets en (6) et (7). La caractéristique de la citation n'est pas de devoir détruire la référentialité des occurrences, mais de pouvoir le faire (et de le faire ordinairement). Les exemples (6) et (7) sont exceptionnels en cela que les prédicats particuliers « est vrai » et « nommait » ont l'effet d'annuler les guillemets – comme le montre avec évidence une comparaison de (6) et (7) avec (8).

Pour prendre un exemple d'un autre type commun d'énoncés dans lesquels les noms n'ont pas d'occurrence référentielle, considérons une personne appelée « Philippe » et qui satisfait la condition :

(9)   Philippe ignore que Tullius dénonça Catilina,

ou peut-être la condition :

(10)   Philippe croit que Tegucigalpa est au Nicaragua.

La substitution sur la base de (3) transforme (9) en l'énoncé :

(11)   Philippe ignore que Cicéron dénonça Catilina,

faux sans aucun doute. La substitution sur la base de l'identité vraie :

Tegucigalpa = la capitale du Honduras

transforme de même la vérité (10) en la fausseté :

(12)   Philippe croit que la capitale du Honduras est au
        Nicaragua.

142 Nous voyons ainsi que les occurrences des noms « Tullius » et « Tegulcigalpa » dans (9)-(10) ne sont pas purement référentielles.

En cela réside un contraste fondamental entre (9), ou (10), et :

Crassus entendit Tullius dénoncer Catilina.

Cet énoncé affirme une relation entre trois personnes, et les personnes restent ainsi reliées indépendamment des noms qu'on leur attribue. Mais (9) ne peut être considéré simplement comme affirmant une relation entre trois personnes, ni (10) comme affirmant une relation entre une personne, une ville et un pays – au moins tant que nous interprétons nos mots de manière à compter (9) et (10) comme vrais et (11) et (12) comme faux.

Certains lecteurs pourraient souhaiter interpréter l'ignorance et la croyance comme des relations entre personnes et énoncés, écrivant ainsi (9) et (10) de la manière suivante :

(13)   Philippe ignore « Tullius dénonça Catilina »,

(14)   Philippe croit « Tegucigalpa est au Nicaragua »,

pour mettre ainsi à l'intérieur d'un contexte citationnel toute occurrence non purement référentielle d'un nom. Church [5] argumente à l'encontre d'une telle interprétation. Pour cela, il mobilise le concept d'analyticité au sujet duquel nous avons émis des doutes (p. 53-58 plus haut); reste que son argument ne peut être facilement laissé de côté, pas plus que nous avons ici à prendre position sur cette question. Il suffira de dire qu'il n'y a certainement aucune *nécessité* de reconstruire (9)-(10) sous la forme (13)-(14). Ce qui *est* indispensable est d'observer simplement que les contextes « ignore que… » et « croit que… » *ressemblent* aux contextes citationnels en ceci qu'un nom peut avoir une occurrence référentielle dans un énoncé *S* et pourtant ne pas avoir d'occurrence référentielle dans un énoncé plus long formé en enchâssant *S* dans le contexte « ignore que… » ou « croit que… ». Pour résumer la situation en un mot, nous pouvons dire des contextes « ignore que… » et « croit que… » qu'ils sont *référentiellement opaques*[1]. La même chose est vraie des contextes « sait que… », « affirme que… », « doute que… », « est surpris que… », etc. **143** Il serait scrupuleux mais inutile d'insérer de force tous les contextes référentiellement opaques dans le moule citationnel; pour le dire autrement, nous pouvons reconnaître la citation comme un contexte référentiellement opaque parmi de nombreux autres.

Il sera maintenant montré que l'opacité référentielle affecte aussi les contextes dits *modaux* « Nécessairement… »

---

1. Ce terme est, pour le dire grossièrement, l'opposé du terme « transparent » tel qu'employé par Russell dans son Appendice C des *Principia*, 2ᵉ éd., vol. 1.

et « Possiblement… », au moins lorsqu'on leur donne le sens de nécessité et de possibilité *strictes* comme dans la logique modale de Lewis[1]. Selon le sens strict de « nécessairement » et « possiblement », les énoncés suivants seraient regardés comme vrais :

(15) 9 est nécessairement supérieur à 7,

(16) Nécessairement, s'il y a de la vie sur l'étoile du soir, alors il y a de la vie sur l'étoile du soir,

(17) Le nombre des planètes est possiblement inférieur à 7,

et les suivants comme faux :

(18) Le nombre des planètes est nécessairement supérieur à 7,

(19) Nécessairement, s'il y a de la vie sur l'étoile du soir, alors il y a de la vie sur l'étoile du matin,

(20) 9 est possiblement inférieur à 7.

L'idée générale des modalités strictes est fondée sur la notion putative d'*analyticité* de la manière suivante : un énoncé de la forme « Nécessairement… » est vrai si et seulement si l'énoncé composant que « nécessairement » gouverne est analytique, et un énoncé de la forme « Possiblement… » est faux si, et seulement si, la négation de l'énoncé composant que « possiblement » gouverne est analytique. (15)-(17) pourraient donc être paraphrasés ainsi :

(21) « 9 > 7 » est analytique,

(22) « S'il y a de la vie sur l'étoile du soir, alors il y a de la vie sur l'étoile du soir » est analytique,

(23) « Le nombre des planètes n'est pas inférieur à 7 » n'est pas analytique,

et de manière analogue pour (18)-(20).

---

1. Lewis, [1], chap. 5 ; Lewis et Langford, p. 78-89, 120-166.

Que les contextes « Nécessairement… » et « Possible- **144** ment… » sont référentiellement opaques peut maintenant être montré rapidement ; car la substitution sur la base des identités vraies :

(24) Le nombre des planètes = 9,

(25) L'étoile du soir = l'étoile du matin

transforme les vérités (15)-(17) en les faussetés (18)-(20).

Notons que le fait que (15)-(17) soient équivalents à (21)-(23), et le fait que « 9 », « étoile du soir » et « le nombre des planètes » figurent à l'intérieur de citations dans (21)-(23), ne nous auraient pas en eux-mêmes permis de conclure que « 9 » et « étoile du soir » et « le nombre des planètes » figurent non référentiellement dans (15)-(17). Argumenter ainsi serait comparable à citer l'équivalence de (8) avec (6) et (7) comme preuve que « Giorgione » ne figure pas référentiellement dans (8). Ce qui montre que les occurrences de « 9 », « étoile du soir » et « le nombre des planètes » ne sont pas référentielles dans (15)-(17) (et dans (18)-(20)) est le fait que la substitution reposant sur (24)-(25) transforme les vérités (15)-(17) en faussetés (et les faussetés (18)-(20) en vérités).

Certains, comme nous l'avons remarqué, souhaiteraient peut-être penser que (9) et (10) reçoivent leur expression fondamentale dans (13) et (14). Dans le même esprit, beaucoup aimeront penser que (15)-(17) reçoivent leur expression fondamentale dans (21)-(23)[1]. Mais cela, à nouveau, n'est pas nécessaire. Nous ne penserions certainement pas que (6) et (7) sont d'une manière ou d'une autre plus fondamentaux que (8), et nous n'avons pas besoin de considérer (21)-(23) comme plus fondamentaux que (15)-(17). Ce qui est important est de se rendre compte du fait que les contextes « Nécessairement… » et « Possiblement… » sont, comme la citation et « ignore que… » et « croit que… », référentiellement opaques.

---

1. Cf. Carnap [2], p. 245-259.

2

Le phénomène de l'opacité référentielle vient d'être expliqué en faisant appel au comportement des termes singuliers. Mais nous savons (cf. p. 32 *sq.*, 129 *sq.*, 231 *sq.*) que les termes singuliers sont éliminables par paraphrase. En dernière instance, les objets auxquels une théorie fait référence doivent être analysés non comme les objets nommés par les termes singuliers, mais comme les valeurs des variables de la quantification. Ainsi, si l'opacité référentielle est une infirmité méritant qu'on s'en soucie, ses symptômes doivent apparaître en relation avec la quantification tout autant qu'en relation avec les termes singuliers [1]. Tournons donc notre attention vers la quantification.

Le lien unissant nomination et quantification est implicite dans l'opération par laquelle, de « Socrate est mortel », nous inférons « $(\exists x)$ (x est mortel) », c'est-à-dire « Quelque chose est mortel ». C'est l'opération dont nous avons parlé précédemment (p. 172) sous le nom de *généralisation existentielle*, excepté que nous disposons ici du terme singulier « Socrate » là où nous disposions alors d'une variable libre. L'idée derrière une telle inférence est que ce qui est vrai de l'objet nommé par un terme singulier donné est vrai de quelque chose; et il est clair que l'inférence perd sa justification lorsque le terme singulier en question ne se trouve rien nommer. De :

Il n'y a rien de tel que Pégase,

par exemple, nous n'inférons pas :

$(\exists x)$ (il n'y a rien de tel que x),

c'est-à-dire « Il y a quelque chose dont il n'y a rien de tel » ou « Il y a quelque chose qu'il n'y a pas ».

---

1. Pour l'essentiel, cette remarque est due à Church [3].

Une telle inférence est évidemment tout autant illégitime dans le cas d'une occurrence non référentielle d'un substantif quelconque. De (2), une généralisation existentielle conduirait à :

$(\exists x)$ (x était appelé ainsi à cause de sa taille),

c'est-à-dire «Quelque chose était appelé ainsi en raison de sa taille ». Cela est clairement insensé, en l'absence d'un antécédent convenable pour «appelé ainsi». Notons, par opposition, qu'une généralisation existentielle relative à l'occurrence purement référentielle dans (5) conduit à la conclusion correcte :

$(\exists x)$ (x était appelé « Giorgione » en raison de sa taille),

c'est-à-dire «Quelque chose était appelé "Giorgione" en raison de sa taille ».

L'opération logique d'*instanciation universelle* est celle **146** par laquelle nous inférons de « Toute chose est elle-même », par exemple, ou en symboles « (x) $(x=x)$ », la conclusion que Socrate = Socrate. Cette opération et la généralisation existentielle sont deux aspects d'un même principe ; car au lieu de dire que « (x) $(x=x)$ » implique « Socrate = Socrate », nous pourrions aussi bien dire que la négation « Socrate $\neq$ Socrate » implique « $(\exists x)$ $(x \neq x)$ ». Le principe en jeu dans ces deux opérations est le lien unissant les quantifications et les énoncés singuliers qui en sont les instances. Néanmoins, on ne parle ici de principe que par courtoisie. Il ne vaut que dans les cas où un terme a une référence et, plus encore, a une occurrence référentielle. Il est simplement le contenu logique de l'idée qu'une occurrence donnée est référentielle. Le principe est, pour cette raison, anormal en tant que supplément à la théorie purement logique de la quantification. D'où l'importance logique du fait que tous les termes singuliers, en dehors des variables qui servent de pronoms relativement aux quantificateurs, soient facultatifs et éliminables par paraphrase [1].

Nous venons de voir comment le contexte référentiellement opaque (2) se comportait vis-à-vis de la généralisation existentielle. Voyons ce qu'il arrive à nos autres contextes référentiellement opaques. Appliquée à l'occurrence du nom de personne dans (4), la généralisation existentielle conduirait à :

(26) $\qquad (\exists x)(\text{« } x \text{ » contient six lettres}),$

c'est-à-dire :

(27)   Il y a quelque chose telle qu'« il » contient six lettres,

ou peut-être :

(28) $\qquad$ « Quelque chose » contient six lettres.

Or l'expression :

$\qquad$ « x » contient six lettres

147 signifie simplement :

$\qquad$ La vingt-quatrième lettre de l'alphabet contient six lettres.

Dans (26), l'occurrence de la lettre à l'intérieur du contexte citationnel est aussi peu pertinente relativement au quantificateur qui la précède que l'occurrence de la même lettre dans le contexte « six ». (26) est composé simplement d'une fausseté précédée par un quantificateur non pertinent. (27) est similaire, sa partie :

$\qquad$ « il » contient six lettres

est fausse, et le préfixe « il y a quelque chose tel que » est non pertinent. (28), à nouveau, est faux – si nous entendons « contenir six » comme « contenir exactement six ».

---

1. Voir plus haut, p. 32 *sq.*, 40, et plus loin, p. 231 *sq.* Notons que la généralisation existentielle telle que présentée p. 172 appartient à la théorie pure de la quantification, car elle concerne des variables libres et non des termes singuliers. La même chose est vraie, corrélativement, de l'utilisation de l'instanciation universelle telle qu'incarnée dans la règle R2 de l'essai V.

Il est moins évident, et par là plus important, de reconnaître que la généralisation existentielle est aussi illégitime dans le cas de (9) et (10). Appliquée à (9), elle conduit à :

$(\exists x)$ (Philippe ignore que x dénonça Catilina),

c'est-à-dire :

(29)   Quelque chose est tel que Philippe ignore qu'il dénonça Catilina.

Quel est cet objet qui dénonça Catilina sans que Philippe soit au courant de ce fait ? Tullius, c'est-à-dire Cicéron ? Mais supposer cela entrerait en conflit avec le fait que (11) est faux.

Notons que (29) ne doit pas être confondu avec :

Philippe ignore que $(\exists x)$ (x dénonça Catalina),

qui, bien que se trouvant être faux, est plutôt limpide et ne risque pas d'être inféré par généralisation existentielle à partir de (9).

Mais la difficulté en jeu dans la conséquence apparente (29) de (9) réapparaît lorsque nous tentons d'appliquer la généralisation existentielle à des énoncés modaux. Les conséquences apparentes de (15) et (16) :

(30) $(\exists x)$ (x est nécessairement supérieur à 7),
(31) $(\exists x)$ (nécessairement, s'il y a de la vie sur l'étoile du soir, alors il y a de la vie sur x)

posent les mêmes questions que (9). Quel est ce nombre qui, **148** selon (30), est nécessairement supérieur à (7) ? Selon (15), dont (30) fut inféré, c'était 9, c'est-à-dire le nombre des planètes ; mais supposer cela entrerait en conflit avec le fait que (18) est faux. En un mot, être nécessairement supérieur à 7 n'est pas une caractéristique d'un nombre, mais dépend de la manière de référer à ce nombre. À nouveau, quelle est la chose x dont l'existence est affirmée en (31) ? Selon (16), dont (31) fut inféré, c'était l'étoile du soir, c'est-à-dire l'étoile du matin ;

mais supposer cela entreait en conflit avec le fait que (19) est faux. Être nécessairement ou possiblement tel et tel n'est en général pas une caractéristique de l'objet concerné, mais dépend de la manière de référer à cet objet.

Notons que (30) et (31) ne doivent pas être confondus avec :

Nécessairement, $(\exists x)\,(x > 7)$,
Nécessairement, $(\exists x)$ (s'il y a de la vie sur l'étoile du soir, alors il y a de la vie sur x),

qui ne présentent aucun problème d'interprétation comparable à celui présenté par (30) et (31). La différence peut être accentuée en changeant d'exemple : dans un jeu d'un type n'admettant pas d'*ex aequo*, il est nécessaire que l'un des joueurs gagne, mais il n'existe pas de joueur dont on puisse dire qu'il est nécessaire qu'il gagne.

Nous avions vu, dans la section précédente, comment l'opacité référentielle se manifeste en liaison avec les termes singuliers ; et la tâche dont nous nous étions alors chargés au commencement de cette section était de voir comment l'opacité référentielle se manifeste en liaison avec les variables de la quantification. La réponse est maintenant apparente : si, à une variable dans un contexte référentiellement opaque, nous appliquons un quantificateur avec l'intention de lier cette variable de l'extérieur du contexte référentiellement opaque, alors nous aboutissons communément à un sens non attendu ou à un non sens de type (26)-(31). En un mot, nous ne pouvons en général proprement *quantifier à travers* les contextes référentiellement opaques.

Le contexte de citation et les contextes supplémentaires « … était appelé ainsi », « ignore que… », « croit que… », « Nécessairement… », et « Possiblement… » furent déclarés référentiellement opaques dans la section précédente au vu de l'échec de la substituabilité des identiques appliquée aux termes singuliers. Dans la présente section, ces contextes ont été déclarés référentiellement opaques en vertu d'un critère n'ayant plus à voir avec les termes singuliers, mais avec l'échec de la quantification. Le lecteur pourrait bien avoir l'impression, de fait, qu'après tout nous n'avons pas réellement échappé aux termes singuliers dans ce second critère, car le discrédit jeté sur les quantifications (29)-(31) reposait encore dans notre exposition sur l'interaction entre les termes singuliers « Tullius », « Cicéron », « 9 », « le nombre des planètes », « l'étoile du soir » et « l'étoile du matin ». En fait, ce retour dans l'exposition à nos vieux termes singuliers est cependant évitable, comme nous allons le montrer en réargumentant en faveur du caractère insensé de (30) d'une autre manière. Tout objet supérieur à 7 est un nombre, et tout nombre donné x supérieur à 7 peut être déterminé de manière unique par différentes conditions, certaines d'elles ayant « $x > 7$ » comme *nécessaire* conséquence et d'autres non. Un même nombre x est déterminé de manière unique par la condition :

$$(32) \qquad x = \sqrt{x} + \sqrt{x} + \sqrt{x} \neq \sqrt{x}$$

et par la condition :

$$(33) \qquad \text{Il y a exactement } x \text{ planètes,}$$

mais (32) a « $x > 7$ » comme conséquence nécessaire, ce qui n'est pas le cas de (33). Être *nécessairement* supérieur à 7 n'a pas de sens appliqué à un *nombre* x; la nécessité s'attache seulement au lien entre « $x > 7$ » et la méthode particulière (32), par opposition à (33), de spécification de x.

De manière similaire, (31) était sans signification car le type d'objet x qui satisfait la condition :

(34) S'il y a de la vie sur l'étoile du soir, alors il y a de la vie
      sur x,

à savoir un objet physique, peut être déterminé de manière unique par différentes conditions, dont toutes n'ont pas (34) comme conséquence nécessaire. La satisfaction *nécessaire* de (34) n'a pas de sens appliqué à un objet physique *x*; la nécessité s'attache, au mieux, seulement au lien entre (34) et telle ou telle manière particulière de spécifier *x*.

150   L'importance de reconnaître l'opacité référentielle peut difficilement être surestimée. Nous avons vu au § 1 que l'opacité référentielle peut faire obstruction à la substituabilité des identiques. Nous voyons maintenant qu'elle peut aussi interrompre la quantification : la portée de quantificateurs extérieurs à une construction référentiellement opaque ne s'étend pas forcément aux variables se trouvant à l'intérieur de cette construction. Cela à nouveau est obvie dans le cas de la citation, comme en témoigne l'exemple grotesque :

$$(\exists x)\,(\text{« six » contient « } x \text{ »}).$$

3

Nous voyons à partir de (30)-(31) comment un quantificateur appliqué à une phrase modale peut tout simplement conduire à un non-sens. Le non-sens est de fait la simple absence de sens, et on peut toujours y remédier en assignant arbitrairement un sens. Mais le point important à observer est que, même en admettant que l'on ait une manière de comprendre les modalités (par le biais d'une acceptation non critique, pour les besoins de l'argument, de la notion sous-jacente d'analyticité), et étant donnée une manière de comprendre ce qu'on appelle d'ordinaire la quantification, nous n'obtenons pas automatiquement un sens pour les phrases modales quantifiées comme (30)-(31). Ce point doit être pris en compte par quiconque entreprend d'établir des lois pour la logique modale quantifiée.

La racine des difficultés était l'opacité référentielle des contextes modaux. Mais l'opacité référentielle dépend en partie de l'ontologie acceptée, c'est-à-dire des objets admis comme objets possibles de référence. Cela peut être vu très facilement en revenant, pour un temps, au point de vue du § 1, où l'opacité référentielle a été expliquée en termes d'échec de la substituabilité de noms nommant le même objet. Supposons maintenant que nous soyons prêts à répudier tous les objets qui, comme 9 et la planète Vénus, ou l'étoile du soir, sont désignables par des noms qu'on ne peut interchanger dans les contextes modaux. Faire cela reviendrait à balayer tous les exemples révélateurs de l'opacité des contextes modaux.

Mais quels objets subsisteraient dans un univers ainsi purifié ? Un objet x doit, pour survivre, vérifier la condition : si S est un énoncé contenant une occurrence référentielle d'un nom de x, et S' est obtenu à partir de S en substituant n'importe quel autre nom de x, alors S et S' ne doivent pas seulement avoir la même valeur de vérité, ils doivent également garder la même valeur de vérité lorsqu'on les préfixe par « nécessairement » ou « possiblement ». Pour le dire de manière équivalente : remplacer un nom de x par un autre dans n'importe quel énoncé analytique doit conduire à un énoncé analytique. Ou encore : tous les noms de x doivent être synonymes [1].

Ainsi la planète Vénus en tant qu'objet matériel est exclue par la possession des noms hétéronymes « Vénus », « l'étoile du soir », « l'étoile du matin ». Correspondant à ces trois noms, nous sommes conduits, si les contextes modaux doivent ne pas être référentiellement opaques, à reconnaître trois objets plutôt qu'un – peut-être le concept-Vénus, le concept-étoile du soir, et le concept-étoile du matin.

De manière similaire, 9, en tant qu'unique nombre entier entre 8 et 10, est exclu du fait qu'il possède les noms hétéronymes « 9 » et « le nombre des planètes ». Correspondant à ces deux noms, nous sommes conduits, si les contextes modaux doivent ne pas être référentiellement opaques, à reconnaître

---

1. Voir plus haut, p. 63. La synonymie de deux noms ne signifie pas seulement qu'ils nomment la même chose ; elle signifie que l'énoncé d'identité formé par les deux noms est analytique.

deux objets plutôt qu'un – peut-être le concept-9 et le concept-nombre des planètes. Ces concepts ne sont pas des nombres, car aucun d'eux n'est identique ou supérieur ou inférieur à l'autre.

L'exigence que tous les noms de x soient synonymes peut sembler une restriction, non pas des objets admissibles x, mais du vocabulaire admissible des termes singuliers. Tant pis, alors, pour cette manière d'énoncer l'exigence en jeu ; nous sommes ici simplement en face d'une manifestation de plus de la superficialité du traitement des questions ontologiques du point de vue avantageux des termes singuliers. La vraie intuition, en passe maintenant d'être obscurcie, était plutôt la suivante : la nécessité ne s'applique pas proprement à la satisfaction de conditions par des *objets* (comme la boule de pierre qu'est Vénus, ou le nombre qui est le nombre des planètes), indépendamment de manières particulières de les spécifier. Ce point fut révélé de manière commode en considérant des termes singuliers, mais n'est pas annulé par leur élimination. Résumons les choses du point de vue de la quantification plutôt que de celui des termes singuliers.

152   Du point de vue de la quantification, l'opacité référentielle des contextes modaux était reflétée dans le caractère insensé des quantifications telles que (30)-(31). La racine des difficultés avec (30) est qu'un nombre x peut être déterminé de manière unique par chacune de deux conditions, par exemple (32) et (33), qui ne sont pas nécessairement, c'est-à-dire analytiquement, équivalentes l'une à l'autre. Mais supposons maintenant que nous soyons prêts à répudier tous ces objets et à ne retenir que les objets x tels que *toutes les conditions déterminant x de manière unique sont analytiquement équivalentes*. Tous les exemples comme (30)-(31) révélateurs de l'opacité référentielle des contextes modaux seraient ainsi balayés. Cela aurait alors un sens en général de dire qu'il y a un objet qui, indépendamment de toute manière particulière de le spécifier,

est nécessairement tel et tel. Il deviendrait légitime, en bref, de quantifier à travers des contextes modaux.

Nos exemples ne suggèrent aucune objection à la quantification à travers les contextes modaux aussi longtemps que les valeurs des variables ainsi quantifiées sont limitées aux *objets intensionnels*. Cette limitation signifierait l'acceptation, en tous les cas pour les besoins d'une telle quantification, non pas de classes, mais de concepts de classes ou attributs, s'il est compris que deux phrases ouvertes qui déterminent la même classe déterminent pourtant deux attributs différents à moins qu'elles ne soient analytiquement équivalentes. Cela signifierait l'acceptation, pour les besoins d'une telle quantification, non pas de nombres, mais seulement de certaines sortes de concepts qui sont liés aux nombres par une relation de plusieurs à un. Plus encore, cela signifierait l'acceptation, pour les besoins d'une telle quantification, non pas d'objets concrets, mais seulement de ce que Frege [3] appelait les sens des noms, et que Carnap [3] et Church ont appelés les concepts d'individu. C'est un désavantage d'une telle ontologie que le principe d'individuation de ses entités repose immanquablement sur la notion putative de synonymie ou d'analyticité.

À vrai dire, même en acceptant ces entités douteuses, nous pouvons rapidement voir que l'expédient consistant à limiter les valeurs des variables à de telles entités est, au final, erroné. Il ne dissipe pas la difficulté originelle de la quantification à travers les contextes modaux ; au contraire, des exemples tous aussi troublants que les exemples initiaux peuvent être invoqués dans le royaume des objets intensionnels. Car, soient A un **153** objet intensionnel quelconque, disons un attribut, et « p » une lettre tenant lieu d'une phrase vraie quelconque, clairement :

$$(35) \qquad A = (\iota x)\,[p\,.\,(x = A)].$$

Pourtant, si la phrase vraie dont « p » tient lieu n'est pas analytique, alors (35) ne l'est pas non plus, et ses membres ne sont pas plus interchangeables dans les contextes modaux que ne le sont « l'étoile du soir » et « l'étoile du matin », ou « 9 » et « le nombre des planètes ».

Ou, pour le dire sans recourir à des termes singuliers, le problème est que l'exigence précédemment mise en italiques – "toutes les conditions déterminant x de manière unique sont analytiquement équivalentes" – n'est plus assurée simplement en prenant pour x un objet intensionnel. Car, en prenant pour « Fx » n'importe quelle condition déterminant x de manière unique, et pour « p » n'importe quelle vérité non analytique, alors « $p . Fx$ » détermine de manière unique x mais n'est pas analytiquement équivalent à « Fx », même si x est un objet intensionnel.

C'est dans mon texte de 1943 que j'ai élevé pour la première fois des objections contre la quantification à travers les contextes modaux, et c'est dans le compte rendu de ce texte que Church a proposé comme remède de limiter les variables ainsi quantifiées à des valeurs intensionnelles. Ce remède, que je viens de présenter comme erroné, semblait correct à l'époque. Carnap [3] l'adopta sous une forme extrême en limitant le parcours de ses variables à des objets intensionnels dans son système. En fait, il ne décrivit pas ainsi sa procédure ; il compliqua le tableau en proposant une curieuse double interprétation des variables. Mais j'ai soutenu[1] que cette manœuvre compliquée n'a pas d'effet essentiel et qu'il vaut mieux la laisser de côté.

Depuis lors, Church en est venu à proposer une logique intensionnelle de son cru [6]. Il s'est peut-être rendu compte que la quantification à travers les contextes modaux ne pouvait, après tout, être simplement légitimée en restreignant les variables ainsi quantifiées à des valeurs intensionnelles. Quoi qu'il en soit, ses innovations sont plus radicales. Au lieu d'un opérateur de nécessité attachable à des phrases, il a un

---

1. Dans une critique que Carnap inclut généreusement dans son [3], p. 196 *sq.*

prédicat de nécessité attachable à des noms complexes de certains objets intensionnels appelés propositions. Ce qui rend ces innovations plus profondes qu'elles ne pourraient sembler l'être est que les variables et les constantes figurant dans une 154 phrase ne figurent pas sans des dispositions particulières dans le nom de la proposition associée. Church prend de telles dispositions en introduisant une fonction primitive qui prend pour arguments les objets intensionnels et comme valeurs leurs extensions. L'interaction, courante en logique modale, entre les occurrences d'expressions en dehors des contextes modaux et celles à l'intérieur des contextes modaux est obtenue dans le système de Church par la médiation de cette fonction. Peut-être ne devrions-nous pas l'appeler un système de logique modale ; Church ne le qualifie pas ainsi en général. Quoi qu'il en soit, ma discussion en cours doit être comprise comme traitant uniquement des logiques modales au sens étroit du terme, où les opérateurs modaux s'attachent à des phrases.

Church [4] et Carnap ont tenté – sans succès, comme je viens de le soutenir – de répondre à mes critiques de la logique modale quantifiée en restreignant les valeurs de leurs variables. Arthur Smullyan a choisi l'option différente de mettre en cause ma critique elle-même. Son argument dépend de l'adoption d'une division fondamentale des noms en noms propres et descriptions (explicites ou déguisées), telle que des noms propres qui nomment le même objet sont toujours synonymes. (Cf. (38) plus bas). Il remarque, à juste titre sous de telles hypothèses, que n'importe quel exemple qui, comme (15)-(20) ou (24)-(25), témoigne d'une mise en échec de la substituabilité des identiques en contexte modal, doit exploiter des descriptions plutôt que de simples noms propres. Ainsi, empruntant une intuition à Russell [2], il explique l'échec de la substituabilité par des différences dans la structure des contextes relativement à ce que Russell appelait la portée des

descriptions[1]. Mais, comme nous l'avons montré avec insis-
tance dans la section précédente, il faut s'attendre à l'opacité
référentielle même lorsque les descriptions et autres termes
singuliers sont entièrement éliminés.

Toutefois, le seul espoir de maintenir une logique modale
quantifiée repose dans l'adoption d'un recours qui ressemble à
celui de Smullyan, plutôt qu'à Church [4] et Carnap [3], en
ceci qu'il doit annuler mon objection. Il doit consister en
l'argumentation ou la décision selon laquelle la quantification
à travers les contextes modaux a un sens même si n'importe
155 quelle valeur de la variable d'une telle quantification est déter-
minable par des conditions qui ne sont pas analytiquement
équivalentes l'une à l'autre. Le seul espoir est d'accepter la
situation illustrée par (32) et (33) et d'insister, malgré celle-ci,
sur le fait que l'objet x en question est nécessairement
supérieur à 7. Cela signifie adopter une attitude injuste vis-à-
vis de certaines manières de spécifier x de manière unique, par
exemple (33), pour privilégier certaines autres manières, par
exemple (32), comme révélant mieux en quelque sorte
l'"essence" de l'objet. Des conséquences de (32) peuvent, de
ce point de vue, être traitées comme nécessairement vraies de
l'objet qui est 9 (et qui est le nombre des planètes), alors que
certaines conséquences de (33) sont estimées être seulement
vraies de cet objet de manière contingente.

Évidemment, ce retour à l'essentialisme aristotélicien
(cf. p. 51 *sq.*) est exigé si la quantification à travers les
contextes modaux doit être retenue. Un objet, en lui-même et
quel que soit son nom ou en l'absence d'un tel nom, doit être vu
comme ayant certaines de ses caractéristiques nécessairement
et d'autres de manière contingente, malgré le fait que ces
dernières s'ensuivent tout aussi analytiquement de certaines
manières de spécifier l'objet que les premières s'ensuivent

---

1. À moins qu'une description n'échoue à désigner un objet, sa portée est
indifférente dans les contextes extensionnels. Mais elle importe tout de même
dans les contextes intensionnels.

d'autres manières de le spécifier. En fait, nous voyons plutôt directement que toute logique modale quantifiée est forcée de montrer un tel favoritisme relativement aux caractéristiques d'un objet, car il sera sûrement admis que, pour chaque objet x, d'un côté :

(36)   nécessairement, $(x = x)$

et, de l'autre :

(37)   ~ nécessairement, $[p \cdot (x = x)]$,

où « p » tient lieu d'une vérité contingente arbitraire.

L'essentialisme est violemment incompatible avec l'idée, approuvée par Carnap, Lewis, et d'autres, d'expliquer la nécessité par l'analyticité (cf. p. 202). Car un tel appel à l'analyticité peut prétendre distinguer les caractéristiques essentielles et accidentelles d'un objet seulement relativement à la manière dont l'objet est spécifié, et non absolument. Pourtant, le champion de la logique modale quantifiée doit accepter l'essentialisme.

Limiter les valeurs des variables n'est ni nécessaire ni suffisant pour justifier la quantification des variables à travers des contextes modaux. Limiter leurs valeurs peut, tout de même, avoir encore l'objectif suivant en conjonction avec 156 l'essentialisme : si l'on désire limiter son essentialisme à certaines sortes d'objets, on doit corrélativement limiter les valeurs des variables quantifiées à travers des contextes modaux.

Le système présenté dans les articles pionniers de Mademoiselle Barcan sur la logique modale quantifiée différait des systèmes de Church et Carnap en ce qu'il n'imposait aucune limitation particulière aux valeurs des variables. Le fait qu'elle était préparée, qui plus est, à accepter ces présuppositions essentialistes semble plutôt implicite dans son théorème :

(38) $(x)(y) \{(x = y) \supset [\text{nécessairement } (x = y)]\}$,

car cela est comme dire que certaines au moins (et en fait au plus ; cf. « $p . Fx$ ») des caractéristiques qui déterminent un objet le déterminent nécessairement. La logique modale de Fitch [1] suit Mademoiselle Barcan sur ces deux points. Notons incidemment que (38) suit directement de (36) et de la loi de substituabilité de l'identité appliquée aux variables :

$$(x)(y)[(x = y . Fx) \supset Fy].$$

Le résultat de ces réflexions est censé être que la seule manière de pratiquer la logique modale quantifiée est d'accepter l'essentialisme aristotélicien. Défendre l'essentialisme aristotélicien ne fait, cependant, pas partie des mes intentions. Une telle philosophie est toute aussi déraisonnable de mon point de vue que de celui de Carnap ou Lewis. Et pour conclure, je dirai ceci, que Carnap ou Lewis n'ont pas affirmé : tant pis pour la logique modale quantifiée. Par voie de conséquence : tant pis, aussi, pour la logique modale non quantifiée ; car, si nous ne nous proposons pas de quantifier à travers l'opérateur de nécessité, l'usage de cet opérateur cesse d'avoir tout avantage clair relativement à la simple citation d'une phrase et l'affirmation qu'elle est analytique.

4

Les soucis occasionnés par les modalités logiques le sont aussi par l'admission d'attributs (par opposition aux classes). L'idiome « l'attribut d'être tel et tel » est référentiellement opaque, comme le montre, par exemple, le fait que l'énoncé vrai :

157 (39) L'attribut d'excéder 9 = l'attribut d'excéder 9

se transforme en la fausseté :

>L'attribut d'excéder le nombre des planètes = l'attribut d'excéder 9

sous la substitution permise par l'identité vraie (24). De plus, la généralisation existentielle de (39) conduirait à :

(40) $(\exists x)$ (l'attribut d'excéder x = l'attribut d'excéder 9)

qui résiste à toute interprétation cohérente exactement comme les généralisations existentielles (29)-(31) de (9), (15), et (16). La quantification d'une phrase qui contient la variable de la quantification à l'intérieur d'un contexte de la forme « l'attribut de… » va exactement de pair avec la quantification d'une phrase modale.

Les attributs, comme nous l'avons remarqué plus tôt, sont individués par le principe suivant : deux phrases ouvertes qui déterminent la même classe ne déterminent pas le même attribut à moins qu'elles ne soient analytiquement équivalentes. Or une autre sorte populaire d'entité intensionnelle est la *proposition*. Les critiques précédentes contre les attributs s'appliquent évidemment tout autant aux propositions. La vérité :

(41) La proposition que 9 > 7 = la proposition que 9 > 7

devient la fausseté :

La proposition que le nombre des planètes > 7 = la proposition que 9 > 7

sous la substitution permise par (24). La généralisation existentielle de (41) donne un résultat comparable à (29)-(31) et (40).

La plupart des logiciens, sémanticiens, et philosophes analytiques qui parlent librement d'attributs, de propositions, ou de modalités logiques, trahissent une incapacité d'apprécier qu'ils impliquent par là une position métaphysique sur laquelle eux-mêmes ne seraient guère prêts à fermer les yeux. Il convient de noter que dans les *Principia Mathematica*, où les attributs sont nominalement admis comme entités, tous les contextes figurant de fait dans le cours du travail formel sont **158** tels qu'ils pourraient tout autant être satisfaits par des classes que par des attributs. Tous les contextes en jeu sont *extensionnels* au sens de la page 62 plus haut. Les auteurs des *Principia Mathematica* adhéraient ainsi dans leur pratique à un principe d'extensionnalité qu'ils n'épousaient pas dans leur théorie. Si leur pratique avait été différente, nous aurions pu apprécier plus tôt l'urgence de ce principe.

Nous avons vu comment les phrases modales, les termes d'attributs, et les termes de propositions entrent en conflit avec une vue non essentialiste de l'univers. On doit garder à l'esprit que de telles expressions créent un tel conflit seulement lorsqu'on quantifie à travers elles, c'est-à-dire lorsqu'elles sont sous la portée d'un quantificateur et contiennent elles-mêmes la variable de la quantification. Nous sommes familiers du fait (illustré par (26) plus haut) qu'une citation ne peut contenir une variable réellement libre liable par un quantificateur extérieur. Si nous conservons une telle attitude envers les modalités, les termes d'attributs, et les termes de propositions, nous pouvons alors en faire un libre usage sans crainte urgente d'aucune sorte.

Ce qui a été dit des modalités dans ces pages concerne seulement la modalité stricte. Pour d'autres sortes de modalités, par exemple la nécessité et la possibilité physiques, le premier problème serait de formuler ces notions clairement et distinctement. Après quoi nous pourrions nous demander si l'on ne peut quantifier à travers de telles modalités comme les modalités strictes sans provoquer une crise ontologique. La question concerne de manière intime l'usage pratique du langage. Elle concerne, par exemple, l'usage de conditionnels contre-factuels à l'intérieur d'une quantification; car il est raisonnable de penser que le conditionnel contre-factuel peut être réduit à la forme « Nécessairement, si *p* alors *q* » en un certain sens de la nécessité. Du conditionnel contre-factuel dépend à son tour, par exemple, la définition suivante d'être soluble dans l'eau : dire qu'un objet est soluble dans l'eau, c'est dire qu'il se dissoudrait si on le plaçait dans l'eau. Dans les discussions de la physique, naturellement, nous avons besoin de quantifications contenant la condition « x est soluble dans l'eau », ou son équivalent en mots ; mais, selon la définition suggérée, nous aurions alors à admettre comme quantifiable l'expression « si x était placé dans l'eau, alors x se dissoudrait », c'est-à-dire, « nécessairement, si x est placé dans l'eau, alors x se dissous ». Pourtant, nous ne savons pas s'il **159** existe un sens convenable de « nécessairement » à travers lequel nous pouvons ainsi quantifier[1].

N'importe quelle manière d'enchâsser des énoncés dans des énoncés, qu'elle soit fondée sur une certaine notion de « nécessité », ou, par exemple, sur une notion de « probabilité » comme chez Reichenbach, doit être examinée avec précaution en relation à la possibilité de la quantification. Peut-être que les seuls modes utiles de composition d'énoncés susceptibles de quantification non restreinte sont les fonctions de vérité. Heureusement, aucun autre mode de composition d'énoncés n'est nécessaire, en tout cas en mathématiques ; et les mathématiques, fait révélateur, sont la branche de la science dont les besoins sont les plus clairement compris.

Revenons, pour une remarque finale hâtive, à notre premier test d'opacité référentielle, à savoir l'échec de la substituabilité des identiques ; et supposons que nous nous intéressons à une théorie dans laquelle (a) les formules *logiquement* équivalentes sont interchangeables en tout contexte *salva veritate* et (b) la logique des classes est disponible[2]. Pour une telle théorie, on peut montrer que *tout* mode de composition d'énoncés autre que les fonctions de vérité est référentiellement opaque. Car, soient ϕ et ψ deux énoncés de même valeur de vérité, et $\Phi(\phi)$ n'importe quel énoncé vrai contenant ϕ comme partie. Ce qu'il faut montrer est que $\Phi(\psi)$ va aussi être vrai, à moins que le

---

1. Pour une théorie des termes dispositionnels, comme « soluble », voir Carnap [5].

2. Voir plus haut, p. 58, 131 *sq.*

contexte représenté par « Φ » ne soit référentiellement opaque. Or la classe désignée par $\hat{\alpha}\phi$ est soit V soit Λ, selon que ϕ est vrai ou faux ; car on doit se souvenir que ϕ est un énoncé dénué d'occurrence libre de α. (Si la notation $\hat{\alpha}\phi$ sans récurrence de α semble énigmatique, il suffit de la lire comme $\hat{\alpha}(\alpha = \alpha \,.\, \phi)$). De plus ϕ est logiquement équivalent à $\hat{\alpha}\phi = V$. Ainsi, par (a), puisque $\Phi(\phi)$ est vrai, $\Phi(\hat{\alpha}\phi = V)$ l'est aussi. Mais $\hat{\alpha}\phi$ et $\hat{\alpha}\psi$ nomment la même classe, puisque ϕ et ψ ont même valeur de vérité. Par conséquent, puisque $\Phi(\hat{\alpha}\phi = V)$ est vrai, $\Phi(\hat{\alpha}\psi = V)$ l'est aussi, à moins que le contexte représenté par « Φ » ne soit référentiellement opaque. Mais si $\Phi(\hat{\alpha}\psi = V)$ est vrai, $\Phi(\psi)$ l'est aussi, par (a).

IX

SIGNIFICATION
ET INFÉRENCE EXISTENTIELLE

Les pages précédentes portaient sur la vérité logique, les termes singuliers, et la distinction entre signification et référence. Dans les pages qui suivent, qui ont valeur d'illustration, nous verrons comment on peut faire remonter jusqu'à des difficultés concernant ces trois sujets, plusieurs problèmes que l'on rencontre dans la littérature et qui sont curieusement liés les uns aux autres.

1

On a souvent affirmé[1] que, bien que les schémas :

(1) $(\exists x)(Fx \vee \sim Fx)$,   (2) $(x)Fx \supset (\exists x)Fx$

soient démontrables dans la théorie de la quantification, les énoncés qui sont de la forme représentée par ces schémas ne sont pas logiquement vrais. Voici l'argument : la vérité de tels énoncés dépend de l'existence de quelque chose dans l'uni-

---

1. C'est par exemple le cas de Russell [1], note au chap. 18 ; Langford [1] ; von Wright, p. 20.

vers, or, bien qu'il soit vrai que quelque chose existe, ce n'est pas logiquement vrai.

L'argument est correct dans sa première prémisse : la vérité des énoncés décrits dépend bien de l'existence de quelque chose. Mais le reste de l'argument repose sur un critère obscur de vérité logique, car il est clair que n'importe quel énoncé de la forme (1) ou (2) est logiquement vrai selon la définition de la vérité logique donnée plus haut[1]. Ceux qui objectent que de tels énoncés ne sont pas logiquement vrais, objecteraient aussi, sans peut-être distinguer les deux objections, que ces énoncés ne sont pas analytiques. Ainsi, la notion d'analyticité devient encore plus obscure que lors de notre précédent examen[2] ; car il semblait à ce moment-là que si une classe d'énoncé pouvait clairement tomber dans la catégorie des énoncés analytiques, c'était bien la classe des vérités logiques au sens de la définition mentionnée.

Les craintes répandues concernant le caractère de vérité logique ou l'analyticité des énoncés de la forme (1) et (2) devront à l'évidence rester sous cette forme vague : l'analyticité est, de manière vague, la vérité en vertu des significations ; la signification des mots n'a pas de portée normative sur l'existence ou la non-existence ; par conséquent les énoncés en question ne sont pas analytiques. Ce problème est représentatif des problèmes que l'on rencontre dans la théorie de la signification.

Mais ceux qui refusent de façonner la théorie de la quantification de manière à inclure (1) et (2) dans les théorèmes logiques, montrent qu'ils ne prennent pas en compte un point technique important. On peut démontrer le fait suivant à propos des schémas quantificationnels : ceux qui se révèlent valides pour tous les choix d'univers d'une taille donnée se révèlent aussi valides dans tous les univers plus petits, à

---

1. Cf. p. 52 *sq.*
2. Cf. p. 53-70.

l'exception de l'univers vide[1]. Cela veut dire que si, en formulant les lois de la théorie de la quantification, nous ne prenons pas en considération les univers comprenant, disons, un à dix objets, dans l'espoir de mettre à notre disposition davantage de lois qui seront utiles pour les univers vraiment grands, nous allons au devant de déconvenues; il n'y a pas d'autres lois que celles qui s'appliquent déjà aux univers dont la taille varie de un à dix. Par contre, dans le cas de l'univers vide, la situation est très différente : il y a des lois, par exemple (1) et (2), qui ne s'appliquent pas à lui et qui s'appliquent à tous les univers plus grands. Voilà pourquoi il est de notre intérêt de mettre de côté le cas relativement inutile de l'univers vide, de manière à ne pas nous priver de lois applicables dans tous les autres cas. C'est d'autant plus dans notre intérêt qu'il est toujours particulièrement facile, si nous le souhaitons, de faire séparément un test pour décider si un théorème donné de la théorie de la quantification (valide dans tous les univers non vides) s'applique ou non à l'univers vide; il suffit de compter comme vraies toutes les quantifications universelles et de compter comme fausses toutes les existentielles, et de voir si notre théorème se trouve alors être vrai ou faux. L'existence de **162** ce test complémentaire montre par ailleurs qu'il n'y a aucune espèce de difficulté à donner une forme à la théorie de la quantification qui exclut les théorèmes comme (1) et (2) qui ne s'appliquent pas à l'univers vide; mais du point de vue de l'utilité pratique, ce serait une folie, nous l'avons vu, que de vouloir limiter ainsi les lois de la théorie de la quantification.

La morale de ce dernier paragraphe garde sa force même si nous honorons les craintes décrites dans le paragraphe qui le précède. Celui qui nourrit de telles craintes doit simplement considérer les théorèmes de la théorie de la quantification non pas comme logiquement valides, mais comme impliqués logiquement par les schémas comme (1) et (2). La théorie de la quantification garde ainsi sa forme actuelle et son utilité

1. Voir, par exemple, mon [2], p. 97.

actuelle, et même son statut de discipline purement logique ; nous avons simplement modifié la manière dont « être un théorème » est caractérisé logiquement.

2

Tournons-nous maintenant vers un problème dérivé. Selon Langford ([2], [3]), les énoncés singuliers « *Fa* » et « ~*Fa* », où « *F* » est vu maintenant comme un prédicat déterminé (plutôt que comme une lettre schématique) et « *a* » comme un nom, ne peuvent pas être mutuellement contradictoires. En effet, ils ont chacun comme conséquence logique « *Fa* ∨~*Fa* », qui à son tour a comme conséquence logique (1). Puisque (1) n'est pas logiquement vrai, argumente-t-il, et que des énoncés contradictoires l'un avec l'autre ne peuvent partager aucune conséquence logique à part les vérités logiques, il s'ensuit que « *Fa* » et « ~*Fa* » ne sont pas réellement contradictoires.

On est tenté d'écarter l'argument en disant que l'absurdité de la conclusion a simplement pour effet de discréditer une conception trop étroite de la vérité logique, et qu'elle parle en faveur d'une conception élargie qui compte des énoncés de la forme (1) comme logiquement vrais. Mais si l'on argumente ainsi, on passe à côté de l'erreur la plus fondamentale de l'argument de Langford, et on la répète ; c'est l'erreur qui consiste à affirmer que « *Fa* ∨ ~*Fa* » implique logiquement (1). Nous, qui considérons (1) comme logiquement vrai, serions bien entendu prêts à concéder que (1) est logiquement impliqué par n'importe quoi ; mais lui ne peut pas. Pour lui, le pas qui mène de « *Fa* ∨ ~*Fa* » à (1) doit spécifiquement dépendre de la généralisation existentielle[1]. Or, pour une
163 inférence de cette forme, nous n'avons de justification que sous l'hypothèse que « *a* » désigne quelque chose, c'est-à-dire que *a* existe : donc on est loin de pouvoir dire que « *Fa* ∨ ~*Fa* »

---

1. Voir plus haut, p. 204 *sq.*

implique (1) *logiquement* pour Langford, à moins qu'il ne soit logiquement vrai que *a* existe. Mais s'il était logiquement vrai que *a* existe, il serait logiquement vrai qu'il existe quelque chose ; et donc au bout du compte tout énoncé de la forme (1) serait logiquement vrai.

Langford a également un autre argument, dans lequel (1) n'entre pas en jeu, pour montrer que « *Fa* » et « *~Fa* » ne sont pas des contradictoires : ils impliquent chacun analytiquement « *a* existe », et « *a* existe » n'est pas analytique. Mais dans cet argument l'affirmation discutable est que « *Fa* » et « *~Fa* » impliquent chacun « *a* existe ».

L'idée que « *Fa* » (et « *~Fa* ») implique « *a* existe » vient de l'idée que « *Fa* » a pour « signification » une certaine proposition[1] dont les constituants sont les significations de « *F* » et de « *a* ». On raisonne ainsi : si « *Fa* » a une signification, alors cette proposition, et donc aussi son constituant *a*, doivent exister. Mais si « *Fa* » ou « *~Fa* » est vrai, alors « *Fa* » a une signification et par conséquent *a* existe. On a vite fait de repérer le défaut de ce raisonnement, même en accordant l'étrange outillage conceptuel des propositions et des constituants, l'existence de la signification de « *a* » a été confondue avec l'existence de *a*. La confusion consiste à intervertir, comme on le fait souvent, signification et nomination.

Mais si nous arrêtons à mi-chemin ce raisonnement erroné, avant l'endroit où la faute est commise, nous avons encore un argument qui vaut d'être examiné – un argument qui va de « *Fa* » (ou « *~Fa* ») non pas à l'existence de *a*, mais à l'existence de la proposition qui est la signification de « *Fa* ». Si cette proposition existe, alors quelque chose existe, et alors (1) est correct ; il semble donc que nous ayons un nouvel argument pour montrer que « *Fa* » et « *~Fa* » impliquent chacun analytiquement, non pas « *a* existe », mais (1).

Dans le détail, la chaîne déductive que nous sommes en train d'imaginer est la suivante : si « *Fa* » (ou « *~Fa* ») alors

1. Voir plus haut, p. 157 *sq.*, 218 *sq.*

« *Fa* » (ou « ~*Fa* ») est vrai ; donc « *Fa* » a une signification ; donc la signification de « *Fa* » existe ; donc quelque chose existe ; donc $(\exists x)(Fx \vee {\sim} Fx)$. Il faut que chaque chaînon soit correct en tant qu'implication analytique, si l'argument doit montrer que « *Fa* » et « ~*Fa* » impliquent chacun (1). Mais l'on pourrait mettre en doute que le fait que « *Fa* » ait une signification implique analytiquement que la signification de « *Fa* » existe ; souvenons-nous que l'idée de significations comme entités semble davantage sujette à caution que l'idée d'avoir une signification[1]. De plus, comme le notent Lewy et White [1], on pourrait douter de ce que le premier chaînon reliant « *Fa* » et « "*Fa*" est vrai » (et « ~*Fa* » et « "~*Fa*" est vrai ») doit être considéré comme analytique. Nous ne pouvons pas porter un jugement très fiable sur tous ces chaînons, car la chaîne elle-même est plongée dans la zone la plus marécageuse d'un domaine passablement marécageux, la théorie de la signification.

Le problème de Langford a une autre ramification notable dans la littérature. En se référant à l'affirmation de Langford selon laquelle « *Fa* » et « ~*Fa* » partagent la conséquence « *a* existe », Nelson écrit qu'il serait tout aussi légitime de soutenir qu'ils partagent la conséquence « *F* existe », et même que « (*x*)*Fx* » et « ~(*x*)*Fx* » partagent la conséquence « *F* existe », et même que « *p* » et « ~*p* » partagent la conséquence « *p* existe ». Ainsi, observe-t-il, il est tout aussi légitime de conclure qu'il n'y a pas du tout de contradictoires en logique.

L'expression de Nelson « tout aussi légitime » désarme l'attaque directe. Je voudrais seulement faire remarquer que nous avons ici un cas d'école de ce contre quoi nous nous sommes battus précédemment – à savoir le fait de traiter les termes généraux et les énoncés comme des noms, ou, ce qui revient au même, de traiter les lettres schématiques comme des variables[2].

---

1. Voir plus haut, p. 38 *sq.*, 51 *sq.*, 84 *sq.*
2. Voir plus haut, p. 157-167.

En fait, Nelson n'accepte pas la conclusion selon laquelle il n'y a pas de contradictoires en logique. Il entreprend de l'éviter, ainsi que la conclusion plus faible de Langford, en proposant une distinction entre « implique » et « présuppose » – une distinction subtile que je n'essaierai pas d'évaluer, puisqu'il semble de toute façon que nous ayons trouvé un moyen de sortir des problèmes qui sont à son origine.

3

Nous nous sommes libérés, six paragraphes plus haut, de toute obligation générale d'admettre l'inférence de « Fa » ou « $\sim Fa$ » à « a existe ». Cela nous conduit néanmoins à nous demander quels sont précisément les énoncés contenant « a » que l'on *devrait* considérer comme exigeant pour être vrais que a existe.

Dans l'usage ordinaire, il semble que des valeurs de vérité ne s'attachent aux énoncés singuliers que pour autant que l'objet désigné existe. Il y a des exceptions; certainement « Pégase existe » et « $\sim$Pégase existe » reçoivent une valeur de vérité déterminée, respectivement faux et vrai, du fait même de la non-existence de Pégase. Mais il semblerait que, dans l'usage ordinaire, il ne soit pas possible de décider d'une valeur de vérité pour « Pégase vole » et « $\sim$Pégase vole »; la non-existence de Pégase semble clore la question sans y répondre. Le cas est analogue à celui des énoncés conditionnels : la découverte de la fausseté de l'antécédent d'un conditionnel à l'indicatif semble du point de vue de l'usage ordinaire clore la question de la valeur de vérité du conditionnel sans y répondre.

La logique, cependant, s'autorise une certaine créativité qui la sépare de la philologie. La logique cherche à systématiser, aussi simplement que possible, les règles pour aller du vrai au vrai; et si le système peut être simplifié au moyen d'une entorse faite à l'usage linguistique passé qui ne remette pas en cause l'utilité de la langue en tant qu'outil pour la science, le logicien n'hésite pas à revendiquer cette entorse. Une manière de gagner en simplicité est de se débarrasser des bizarreries de l'usage comme celles que nous avons remarquées dans le paragraphe précédent, de façon à doter chaque énoncé d'une valeur de vérité. C'est ainsi que le conditionnel indicatif du langage ordinaire a laissé place, dans le langage logiquement enrégimenté de la science, au conditionnel matériel qui, tout en servant toujours les visées scientifiques de l'ancien, ne partage pas ses déficiences en ce qui concerne les valeurs de vérité. Le conditionnel matériel formé à partir de deux énoncés quelconques a une valeur de vérité définie ; la découverte de la fausseté de l'antécédent d'un conditionnel matériel clôt la question de la valeur de vérité du conditionnel non pas en l'éliminant, mais en lui donnant une réponse : « vrai ». Or les déficiences des énoncés singuliers concernant les valeurs de vérité demandent, dans l'intérêt de la simplicité des règles logiques, une révision similaire de la part du logicien – compléter l'usage ordinaire en assignant des valeurs de vérité à ces énoncés singuliers qui, selon l'usage ordinaire, en sont dépourvus.

Comment faire précisément ces assignations complémentaires relève d'une décision arbitraire, qu'il faut prendre **166** selon ce qui est le plus commode. Bien évidemment, la commodité exige par-dessus tout que ces assignations ne soient pas telles qu'elles créent des exceptions aux lois existantes gouvernant les composés vérifonctionnels et la quantification. Il nous incombe donc de réserver ces assignations arbitraires aux énoncés singuliers atomiques, et de laisser ensuite les valeurs de vérité des composés être déterminées par celles de leurs composants selon les lois logiques existantes.

La question revient donc à ceci : quelle valeur de vérité devrions-nous donner à un énoncé singulier atomique quand il n'a pas de valeur de vérité déterminée selon l'usage ordinaire ? Les énoncés singuliers atomiques indéterminés concernés sont pour la plupart ceux dont le terme singulier ne parvient pas à désigner quelque chose ; les exceptions qui sont déterminées sont « *a* existe » et toute autre allant dans ce sens ou dans le sens contraire. Maintenant nous pouvons faire l'assignation de manière arbitraire ; disons qu'ils doivent tous être faux. En faisant ce choix, nous nous sommes laissés guider par l'exemple d'énoncé déterminé « *a* existe », qui bien sûr est faux si « *a* » ne parvient pas à nommer quelque chose.

Telle était, bien qu'il fît l'économie de l'arrière-plan philosophique que j'ai esquissé ici, la réponse de Chadwick à Langford. La procédure décrite fait bien sûr de « *Fa* » et de « *~Fa* » des contradictoires. La généralisation existentielle, si on l'applique sans plus d'information sur l'existence de l'objet désigné, n'est fiable en toute généralité que si l'énoncé singulier à partir duquel on fait l'inférence est atomique. Langford a toujours raison d'inférer « *a* existe » à partir de la prémisse atomique « *Fa* », mais il n'a plus le droit de l'inférer aussi de « *~Fa* ».

Le traitement que nous avons accordé aux énoncés singuliers dont les termes singuliers ne parviennent pas à désigner quelque chose est, de l'aveu de tous, artificiel, mais, nous l'avons vu, il est amplement motivé indépendamment du problème de Langford. Il a d'ailleurs un précédent dans la théorie logique des descriptions. On voit facilement que la définition contextuelle des descriptions donnée plus haut[1], qui est une version simplifiée de celle de Russell, a pour effet de rendre faux les contextes atomiques d'une description quand l'objet décrit n'existe pas. Il ne s'agit pas de dire que le traitement précédent des termes singuliers est moins artificiel qu'il n'y paraît, mais au contraire que la théorie des descriptions l'est tout autant. Mais dans les deux cas, l'artifice est un bon artifice. Il est possible de mettre à plat la nature logique et la valeur de l'artifice dans le cas des descriptions, de la même

167

---

1. Cf. p. 129 *sq.* Le seul prédicat primitif était « ∈ », mais nous pouvons ajouter des analogues de D9-10 correspondant à des prédicats extra-logiques donnés quelconques.

manière que nous l'avons fait dans les paragraphes précédents dans le cas des termes singuliers; de fait, ce cas-là inclut l'autre, puisque les descriptions sont des termes singuliers.

En réalité, les deux cas reviennent au même si on fait le pas supplémentaire, mis en évidence précédemment[1], consistant à réinterpréter trivialement les noms propres comme des descriptions. Les avantages théoriques à procéder de cette manière sont écrasants. On se débarrasse ainsi de toute la catégorie des termes singuliers, pour autant que la théorie est concernée; car nous savons comment éliminer les descriptions. En se dispensant de la catégorie des termes singuliers, on se dispense d'une source majeure de confusion théorique; j'ai attiré l'attention sur des exemples de cette confusion dans le présent essai et dans les discussions de l'engagement ontologique des essais précédents. En particulier, nous nous dispensons en même temps, dans la théorie, de la notation gênante « a existe »; car nous savons comment traduire les énoncés d'existence singuliers en des termes logiques plus fondamentaux quand le terme singulier en jeu est une description[2]. En outre, les règles d'inférence par généralisation existentielle et instanciation universelle, dans la forme irrégulière qu'elles prennent avec les termes singuliers[3], sont réduites au statut de règles dérivées et sont ainsi éliminées des fondements théoriques de la logique.

---

1. Cf. p. 32 *sq.*
2. Voir plus haut, p. 32.
3. Voir plus haut, p. 205.

BIBLIOGRAPHIE *

ACKERMANN et HILBERT, voir HILBERT.

BARCAN, R. C., « A functional calculus based on strict implication », *Journal of Symbolic Logic* 11, 1946, p. 1-16.

– « The identity of individuals in a strict functional calculus of second order », *Journal of Symbolic Logic* 12, 1947, p. 12-15. Cf. aussi la correction de mon compte rendu, *Journal of Symbolic Logic* 23, 1958, p. 342.

BERNAYS, Paul [1], « Sur le platonisme dans les mathématiques », *L'Enseignement mathématique* 34, 1935-1936, p. 52-69.

– [2] « A system of axiomatic set theory », *Journal of Symbolic Logic* 2, 1937, p. 65-77 ; 6, 1941, p. 1-17 ; 7, 1942, p. 65-89, p. 133-145 ; 8, 1943, p. 89-106 ; 13, 1948, p. 65-79.

– et HILBERT, voir HILBERT.

BLACK, Max, *The Nature of Mathematics*, London, Kegan Paul, 1933 ; New York, Harcourt Brace, 1934.

BLOCH, Bernard et Trager, G. L., *Outline of Linguistic Analysis*, Baltimore, Linguistic Society of America, 1942.

BLOOMFIELD, Leonard, *Language*, New York, Holt, 1933.

* La bibliographie est la bibliographie de l'édition d'origine. Nous nous sommes contentés de donner les références des traductions françaises, éventuellement postérieures à l'édition, quand elles existent (N. d. T.).

BROUWER, L. E. J., « Consciousness, philosophy, and mathematics », *Proceedings of 10th International Congress of Philosophy*, Amsterdam, 1949, p. 1235-1249.

BÜHLER, Karl, « Phonetik und Phonologie », *Travaux du Cercle Linguistique de Prague* 4, 1931, p. 22-53 (notamment p. 32).

CANTOR, Georg, « Über eine elementare Frage der Mannigfaltigkeits-lehre », *Jahresberichte der deutschen Mathematiker Verei-nigungen* 1, 1890-1891, p. 75-78; réimpression in *Gesammelte Abhandlungen*, Berlin, 1932.

CARNAP, Rudolf, [1] *Der logische Aufbau der Welt*, Berlin, 1928; trad. fr. par T. Rivain et É. Schwartz, *La construction logique du monde*, Paris, Vrin, 2002.

– [2] *Logische Syntax der Sprache*, Vienne, Springer, 1934; trad. angl. avec suppléments, *The Logical Syntax of Language*, New York-London, Harcourt Brace-Kegan Paul, 1937; trad. fr. J. Bouveresse, Paris, Gallimard, à paraître.

– [3] *Meaning and Necessity*, Chicago, University of Chicago Press, 1947; trad. fr. F. Rivenc et Ph. de Rouilhan, Paris, Gallimard, 1993.

– [4] *Logical Foundations of Probability*, Chicago, University of Chicago Press, 1950.

– [5] « Testability and Meaning », *Philosophy of Science* 3, 1936, p. 419-471; 4, 1937, p. 1-40; rééd., New Haven, Graduate Philosophy Club, Yale University, 1950; trad. fr. Y. Benétrau-Dupin et D. Chapuis-Schmitz, introd. par P. Wagner, *Testabilité et signification*, Paris, Vrin, 2015.

– [6] « Empiricism, semantics, and ontology », *Revue internationale de philosophie* 4, 1950, p. 20-40; repris dans la 2ᵉ éd. de [3] et dans LISKY (éd.).

CASSIRER, Ernst, *Sprache und Mythos*, Berlin, 1925; trad. angl. *Language and Myth*, New York, Harper, 1946.

CHADWICK, J. A., « On propositions belonging to logic », *Mind* 36, 1927, p. 347-353.

CHURCH, Alonzo [1], « A set of postulates for the foundation of logic », *Annals of Mathematics* 33, 1932, p. 346-366; 34, 1933, p. 839-864.

– [2] « A note on the Entscheidungsproblem », *Journal of Symbolic Logic* 1, 1936, p. 40 *sq.*, p. 101 *sq.* (Pour une présentation peut-être plus commode de l'argument, voir HILBERT et BERNAYS, vol. 2, p. 416-421).

– [3] Compte rendu de Quine, *Journal of Symbolic Logic* 7, 1942, p. 100 *sq.*

– [4] Compte rendu de Quine, *Journal of Symbolic Logic* 8, 1943, p. 45 *sq.*

– [5] « On Carnap's analysis of statements of assertion and belief », *Analysis* 10, 1950, p. *97sq.*

– [6] « A formulation of the logic of sense and denotation », *Structure, Method, and Meaning : Essays in Honor of Henry M. Sheffer*, Paul Henle, H. M. Kallen et S. K. Langer (eds.), New York, Liberal Arts Press, 1951, p. 3-24.

– et QUINE, W. V., « Some theorems on definability and decidability », *Journal of Symbolic Logic* 17, 1952, p. 179-187.

CURRY, H. B., « A simplification of the theory of combinators », *Synthèse* 7, 1948-1949, p. 391-399. (Contient des références complémentaires).

DUHEM, Pierre, *La théorie physique : son objet, sa structure*, Paris, 1906 ; rééd. Paris, Vrin, 1989.

FEIGL, Herbert et WILFRID, Sellars (eds.), *Readings in Philosophical Analysis*, New York, Appleton-Century-Crofts, 1949.

FITCH, F. B. [1], *Symbolic Logic*, New York, Ronald Press, 1952.

– [2] « The consistency of the ramified Principia », *Journal of Symbolic Logic* 3, 1938, p. 140-149.

– [3] « The problem of the Morning Star and the Evening Star », *Philosophy of Science* 16, 1949, p. 137-141.

FRAENKEL, A. A., « Sur la notion d'existence dans les mathématiques », *L'Enseignement mathématique* 34, 1935-1936, p. 18-32.

FRANK, Philipp, *Modern Science and its Philosophy*, Cambridge, Harvard University Press, 1949.

FREGE, Gottlob [1], *Grundlagen der Arithmetik*, Breslau, 1884 ; trad. angl. *Foundations of Arithmetic*, New York, Philosophical Library, 1950 ; trad. fr. par C. Imbert, *Les fondements de l'arithmétique*, Paris, Le Seuil, 1971.

– [2] *Grundgesetze der Arithmetik*, 2 vols., Jena, 1893, 1903.

– [3] « Über Sinn und Bedeutung », *Zeitschrift für Philosophie und philosophische Kritik* 100, 1892, p. 25-50 ; trad. angl. « On sense and nominatum », *in* Feigl and Sellars, p. 85-102 ; trad. fr. par C. Imbert *in* G. Frege, *Écrits logiques et philosophiques*, Paris, Le Seuil, 1973.

GÖDEL, Kurt [1], « Die Vollständigkeit der Axiome des logischen Funktionenkalküls, *Monatshefte für Mathematik und Physik* 37, 1930, p. 349-360. (Pour une démonstration plus simple de ce résultat, voir HENKIN).

– [2] « Über formal unentscheidbare Sätze der Principia Mathematica und verwandter Systeme », *Monatshefte für Mathematik und Physik* 38, 1931, p. 173-198. (Pour une présentation et des références complémentaires, voir QUINE [2], p. 245 *sq.*).

GOODMAN, Nelson, *The Structure of Appearance*, Cambridge, Harvard University Press, 1951 ; trad. fr. sous la direction de J. B. Rauzy, *La structure de l'apparence*, Paris, Vrin, 2003.

– et QUINE, W. V., « Steps toward a constructive nominalism », *Journal* of *Symbolic Logic* 12, 1947, p. 105-122. (Au cas où le lecteur soit conduit à interpréter incorrectement certains passages du présent ouvrage en voulant les réconcilier avec la phrase d'ouverture, sympathiquement directe, de cet article, je me contenterai de dire que je préfère pour l'instant considérer cette phrase comme un énoncé hypothétique des conditions nécessaires pour la construction qu'on y trouve).

GRELLING, Kurt, et NELSON, Leonard, « Bemerkungen zu den Paradoxien von Russell and Burali-Forti », *Abhandlungen der Fries'schen Schule* 2, 1907-1908, p. 300-334.

HAHN, Hans, *Überflüssige Wesenheiten*, Vienne, 1930.

HAILPERIN, Theodore, « A set of axioms for logic », *Journal of Symbolic Logic* 9, 1944, p. 1-19.

HEMPEL, C. G. [1], « Problems and changes in the empiricist criterion of meaning », *Revue internationale de philosophie* 4, 1950, p. 41-63 ; réimpr. dans LINSKY.

– [2] « The concept of cognitive significance : a reconsideration », *Proceedings of American Academy of Arts and Sciences* 80, 1951, p. 61-77.

HENKIN, Leon, « The completeness of the first-order functional calculus », *Journal of Symbolic Logic* 14, 1949, p. 159-166.

HEYTING, Arend, *Mathematische Grundlagenforschung, Intuition-ismus, Beweistheorie*, Berlin, Springer, 1934.

HILBERT, David et ACKERMANN Wilhelm, *Grundzüge der theore-tischen Logik*, Berlin, Springer, 1928, 1938, 1949; trad. angl. (éd. de 1938), *Principles of Mathematical Logic*, New York, Chelsea, 1950.

– et BERNAYS, Paul, *Grundlagen der Mathematik*, 2 vols., Berlin, Springer, 1934, 1939; 2ᵉ éd., Ann Arbor, Edwards, 1944.

HUME, David, *A Treatise of Human Nature* (notamment Livre 1, 4ᵉ partie, Section 2); tr. fr. A. Leroy, Paris, Aubier Montaigne.

KLEENE, S. C. et ROSSER Barkley, « The inconsistency of certain formal logics », *Annals of Mathematics* 36, 1935, p. 630-636.

KURATOWSKI, Casimir, « Sur la notion de l'ordre dans la théorie des ensembles », *Fundamenta Mathematicae* 2, 1921, p. 161-171.

LANGFORD, C. H. [1], « On propositions belonging to logic », *Mind* 36, 1927, p. 342-346.

– [2] « Singular propositions », *Mind* 87, 1928, p. 73-81.

– [3] « Propositions directly about particulars », *Mind* 88, 1929, p. 219-225.

LEWIS, C. I. [1], *A Survey of Symbolic Logic*, Berkeley, 1918.

– [2] *An Analysis of Knowledge and Valuation*, LaSalle, Ill., Open Court, 1946.

– et LANGFORD, C. H., *Symbolic Logic*, New York, 1932; 2ᵉ éd., New York, Dover, 1951.

LEWY, Casimir, « Truth and significance », *Analysis* 8, 1947, p. 24-27.

LINSKY, Leonard (ed.), *Semantics and the Philosophy of Language*, Urbana, University of Illinois Press, 1952.

LOWINGER, Armand, *The Methodology of Pierre Duhem*, New York, Columbia University Press, 1941.

ŁUKASIEWICZ, Jan, « Uwagi o aksyomacie Nicod'a i o "dedukcyi uogólniającej" », *Księga pamiątkowa Polskiego Towarzystwa Filozoficznego we Lwowie*, Lwów, 1931.

MARTIN, R. M., « On "analytic" », *Philosophical Studies* 8, 1952, p. 42-47.

MEYERSON, Émile, *Identité et réalité*, Paris, 1908; 4ᵉ éd., 1932; rééd. Paris, Vrin, 2000.

MOSTOWSKI, Andrzej, « Some impredicative definitions in the axiomatic set theory », *Fundamenta Mathematicae* 37, 1950, p. 111-124.

MYHILL, J. R., « A complete theory of natural, rational, and real numbers », *Journal of Symbolic Logic* 15, 1950, p. 185-196.

NELSON, E. J., « Contradiction and the presupposition of existence », *Mind* 55, 1946, p. 319-327.

NEUMANN, J. von, « Eine Axiomatisierung der Mengenlehre », *Journal für reine und angewandte Mathematik* 154, 1925, p. 219-240; 155, 1926, p. 128.

NICOD, Jean, « A reduction in the number of primitive propositions of logic », *Proceedings of Cambridge Philosophical Society* 19, 1917-1920, p. 32-41. (Voir aussi QUINE, « A note on Nicod's postulate », *Mind* 41, 1932, p. 345-350).

PEANO, Giuseppe, « Sulla definizione di funzione », *Atti della Reale Accademia dei Lincei*, rendiconti, classe di scienze, 20, 1911, p. 3 *sq.*

PIKE, K. L., *Phonemics : A Technique for Reducing Languages to Writing*, Ann Arbor, University of Michigan Press, 1947.

POINCARÉ, Henri, *Sechs Vorträge über ausgewählte Gegenstände aus der reinen Mathematik und mathematischen Physik*, Leipzig et Berlin, 1910.

QUINE, W. V. [1], *Mathematical Logic*, New York, Norton, 1940; Cambridge, Harvard University Press, 1947; éd. révisée, Cambridge, Harvard University Press, 1951.

– [2] *Methods of Logic*, New York, Holt, 1950; trad. fr. par M. Clavelin, *Méthodes de logique*, Paris, Armand Colin, 1972.

– [3] « On the axiom of reducibility », *Mind* 45, 1936, p. 498 *sq.*

– [4] « On Cantor's theorem », *Journal of Symbolic Logic* 2, 1937, p. 120-124.

– [5] « Logic based on inclusion and abstraction », *Journal of Symbolic Logic* 2, 1937, p. 145-152.

– [6] « On the theory of types », *Journal of Symbolic Logic* 3, 1938, p. 125-139.

– [7] « On ω-inconsistency and a so-called axiom of infinity », *Journal of Symbolic Logic* 18, 1953.

– [8] « On an application of Tarski's theory of truth », *Proceedings of National Academy of Sciences* 88, 1952, p. 430-433.

– et CHURCH, voir CHURCH.

– et GOODMAN, voir GOODMAN.

REICHENBACH, Hans, *Wahrscheinlichkeitslehre*, Leyden, Sijthoff, 1935 ; trad. angl. révisée *The Theory of Probability*, Berkeley-Los Angeles, University of California Press, 1949.

ROBINSON, Julia, « Definability and decision problems in arithmetic », *Journal of Symbolic Logic* 14, 1949, p. 98-114.

ROSSER, Barkley, « The Burali-Forti paradox » *Journal of Symbolic Logic* 7 (1942), p. 1-17.

– et KLEENE, voir KLEENE.

RUSSELL, Bertrand [1], *Introduction to Mathematical Philosophy*, London, 1919, 1920.

– [2] « On denoting », *Mind* 14, 1905, p. 479-493 ; réimpr. dans FEIGL et SELLARS.

– [3] « Mathematical logic as based on the theory of types », *American Journal of Mathematics* 30, 1908, p. 222-262.

– [4] « The philosophy of logical atomism », *Monist* 28, 1918, p. 495-527 ; 29, 1919, p. 32-63, p. 190-222, p. 345-380 ; réimpr. Minneapolis, Département de philosophie, University of Minnesota, 1949.

– et WHITEHEAD, voir WHITEHEAD.

SCHÖNFINKEL, Moses, « Über die Bausteine der mathematischen Logik », *Mathematische Annalen* 92, 1924, p. 305-316.

SMULLYAN, A. F., « Modality and description », *Journal of Symbolic Logic* 13, 1948, p. 31-37. Voir aussi FITCH [3].

TARSKI, Alfred [1], *A Decision Method for Elementary Algebra and Geometry*, Santa Monica, Rand Corporation, 1948 ; éd. révisée, Berkeley et Los Angeles, University of California Press, 1951.

– [2] « Sur les *truth-functions* au sens de MM. Russell et Whitehead », *Fundamenta Mathematicae* 5, 1924, p. 59-74.

– [3] « Einige methodologische Untersuchungen über die Definierbarkeit der Begriffe », *Erkenntnis* 6, 1935-1936, p. 80-100.

– [4] « Der Wahrheitsbegriff in den formalisierten Sprachen », *Studia Philosophica* 1, 1936, p. 261-405.

– [5] « On undecidable statements in enlarged systems of logic and the concept of truth », *Journal of Symbolic Logic* 4, 1939, p. 105-112.

– [6] « The semantic conception of truth and the foundations of semantics », *Philosophy and Phenomenological Research* 4, 1944, p. 341-376 ; réimpr. dans FEIGL et SELLARS, et également dans LINSKY ; trad. fr. par M. Cozic, « La conception sémantique de la vérité et des fondements de la sémantique » dans D. Bonnay et M. Cozic (éd.), *Textes clés de philosophie de la logique*, Paris, Vrin, 2009.

THOMSON, J. F., « A note on truth », *Analysis* 9, 1949, p. 67-72 ; 10, 1949, p. 23-24.

TOOKE, J. H., Ἔπεα πτερόεντα ; *or, The Diversions of Purley*, 2 vols., London, 1786, 1805, 1829 ; Boston, 1806.

TRAGER et BLOCH, voir BLOCH.

WANG, Hao, « A formal system of logic », *Journal of Symbolic Logic* 15, 1950, p. 25-32.

WEYL, Hermann, *Das Kontinuum*, Leipzig, 1918, 1932.

WHITE, Morton [1], Compte rendu de Lewy, *Journal of Symbolic Logic* 13, 1948, p. 125 *sq.*

– [2] « The analytic and the synthetic : an untenable dualism », *in* Sidney Hook (ed.), *John Dewey : Philosopher of Science and Freedom*, New York, Dial Press, 1950, p. 316-330 ; réimpr. dans LINSKY.

WHITEHEAD, A. N., et RUSSELL, Bertrand, *Principia Mathematica*, 3 vols., Cambridge, England, 1910-1913 ; 2ᵉ éd., 1925-1927.

WHORF, B. L., « Time, space and language », *in* Laura Thompson, *Culture in Crisis*, New York, Harper, 1950, p. 152-172.

WIENER, Norbert, « A simplification of the logic of relations », *Proceedings of Cambridge Philosophical Society* 17, 1912-1914, p. 387-390.

WRIGHT, G. H. von, « On the idea of logical truth (I) », *Societas Scientiarum Fennica, Commentationes Physico-Mathematicae* 14, 1948, n° 4.

ZERMELO, Ernst, « Untersuchungen über die Grundlagen der Mengenlehre », *Mathematische Annalen* 65, 1908, p. 261-281.

INDEX

TABLE DES MATIÈRES

Achevé d'imprimer en juillet 2021
La Manufacture - Imprimeur – 52200 Langres – Tél. : (33) 325 845 892
Imprimé en France – N° : 210730 – Dépôt légal : janvier 2004